Richtig haushalten und ernähren

Ausgabe A

6./7. Schuljahr

von

Gudrun Schneider
Gabriele Schick
Ingeborg Bruckert

Oldenbourg

1. Auflage 1995
Unveränderter Nachdruck 98 97 96 95

Die letzte Zahl bezeichnet das Jahr des Drucks.

Lektorat: Michael Wolf, Elisabeth Dorner, München
Herstellung: Karina Hack, München
Umschlaggestaltung: Kontraste, Grafik – Design – Illustration
nach einem Konzept von Mendell & Oberer, München
Illustration: Boris Kaip, München
Satz: Franzis-Druck, München
Reproduktion: Franzis-Druck, München
Druck und Bindearbeiten: R. Oldenbourg, Graph. Betriebe GmbH, München

ISBN 3-486-82402-3

Inhalt

Worum es in diesem Buch geht

Projekt: Produkte kommen auf den Markt

Lebensmittel einkaufen und verwenden

Textilien einkaufen und verarbeiten

Mit der Nähmaschine umgehen

Einfache Gerichte zubereiten

Die Zubereitung einfacher Gerichte

1. Wir machen einen Obstsalat

Die Klasse 6 feiert ein Fest. Jasmin und Marco wollen mit einem kleinen Imbiß zum Gelingen beitragen:

„Ich habe zum Geburtstag ein Kochbuch bekommen", meint Marco, „da werden wir schon etwas Gutes finden."

„Ja, aber es sollte auch noch preiswert und schnell fertig sein. Wir wollen doch Spaß haben und nicht nur Arbeit", sagt Jasmin.

„Mit meinem Kochbuch können wir gar nichts falsch machen. Dort ist alles genau beschrieben."

Jasmin und Marco entscheiden sich für verschiedene Salate und Brötchen vom Bäcker. Für Liebhaber süßer Speisen machen sie einen Obstsalat.

So gehen Marco und Jasmin vor:

Obstsalat

Früchte	waschen, evtl. schälen, ungenießbare Teile entfernen, zerkleinern, in eine Schüssel geben
1 Zitrone	waschen. Saft auspressen, über die Früchte gießen
2 TL Zucker oder Honig	zufügen, alles mischen
evtl. 0,2 l Schlagsahne	steif schlagen, als Verzierung auf das Obst geben

Auswahl der Früchte für den Obstsalat

Welche Früchte sind jetzt preiswert und in guter Qualität zu bekommen?

Auswahl der geeigneten Geräte

Dazu lesen Marco und Jasmin das Rezept noch einmal genau durch. Sie notieren die Tätigkeiten:

- waschen
- schälen
- entfernen
- zerkleinern
- auspressen
- mischen
- schlagen

Aufgaben:

1. *Benenne die abgebildeten Früchte.*
2. *Welche der Früchte wachsen nicht bei uns?*
3. *Wähle geeignete Früchte für einen September-Obstsalat aus.*
4. *Welches Obst verwendest du in den Monaten Juni/Juli?*
5. *Ordne die abgebildeten Geräte den Tätigkeiten zu.*

Eine Seite aus Marcos Kochbuch:

Obstsalat, Schritt-für-Schritt Anleitung

Vorbereiten ➡

waschen

- gründlich
- unzerkleinert
- in stehendem Wasser

putzen
(ungenießbare Teile entfernen)

- Schalen
- Kernhaus und Blütenreste
- Steine

ungespritzte Abfälle:
→ Kompost
gespritzte Abfälle
(z. B. Bananenschale):
→ Hausmüll

Zubereiten ➡

zerkleinern

- Vorsicht mit Schneidegeräten!
- scharfes, nicht zu kleines Messer verwenden
- großes Brett nehmen
- Obst zum Schneiden flach auflegen, damit es nicht wegrutscht

Würfel

Scheiben

mischen

abschmecken

- probiere immer mit zwei Löffeln

Anrichten

in geeignete Gefäße füllen

- Schüsseln und Teller nicht überladen
- den Rand nicht verschmieren

garnieren

- Speise und Garnitur farblich aufeinander abstimmen
- Garnitur soll mitgegessen werden können

Nahrung zubereiten – kinderleicht! Ein Kochbuch für Jungen und Mädchen

2. Wir bereiten Salate zu

> **Vorsicht:**
>
> **Rohe Bohnen sind giftig!**
>
> Sie müssen vor dem Verzehr erhitzt werden (85 °C, ca. 10 Minuten). Dadurch wird das Gift zersetzt.

Blattsalate und Gemüse eignen sich als Vorspeisen, als Beilage oder auch als Hauptgericht. Fast alle Arten können roh verzehrt werden.
Jede Speise ist nur so gut wie ihre Zutaten. Das gilt ganz besonders bei Salaten. Frisch und knackig sollten sie sein. Jeder Salat und jedes Gemüse hat seine „Saison“. So nennt man die Zeit, in der sie besonders reichlich und preiswert angeboten werden und auch am besten schmecken.
Frische Nahrungsmittel verlieren schnell an Qualität. Sie müssen kühl gelagert und schonend zubereitet werden.

Blattsalate und Gemüse: Schritt-für-Schritt Anleitung		
	Vorbereiten	
Putzen ➡	**Waschen** ➡	**Schälen**
Verdorbene, welke und holzige Teile werden entfernt, ebenso die äußeren Blätter von Salat und Kohl. Sie enthalten die meisten Umweltschadstoffe!	Gemüse wird unzerkleinert in stehendem kalten Wasser gewaschen (evtl. mit Bürste). Dadurch werden oberflächliche Verunreinigungen wie Erde, Ruß, Bakterien sowie Schadstoffe aus der Luft oder Spritzmittel entfernt. Gemüse darf nie längere Zeit in Wasser liegen bleiben (wässern)!	Hartschalige Gemüse werden grundsätzlich geschält (z. B. Sellerie, Kohlrabi und Rote Bete). Auch bei Gurken, Rettich und Karotten ist Schälen empfehlenswert, denn in der Schale können Reste von Spritzmitteln und Schadstoffen sein.
		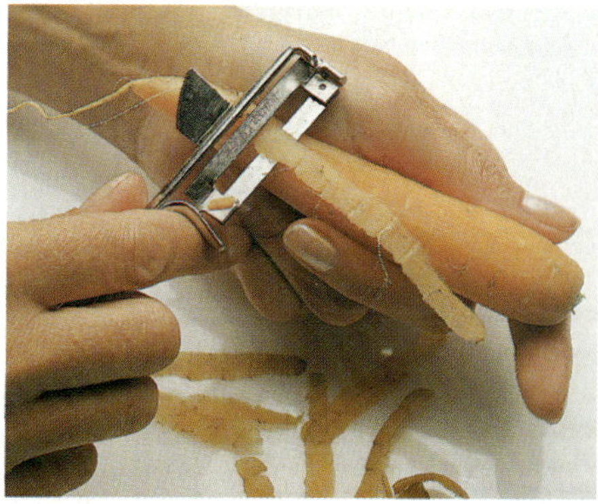
	Salatblätter gut abtropfen lassen. Nasser Salat fällt schnell zusammen und verwässert die Soße.	

Nahrung zubereiten – kinderleicht! Ein Kochbuch für Jungen und Mädchen

Zubereiten: Gemüse zerkleinern

Zerkleinern durch Schneiden	 Scheiben	 Würfel	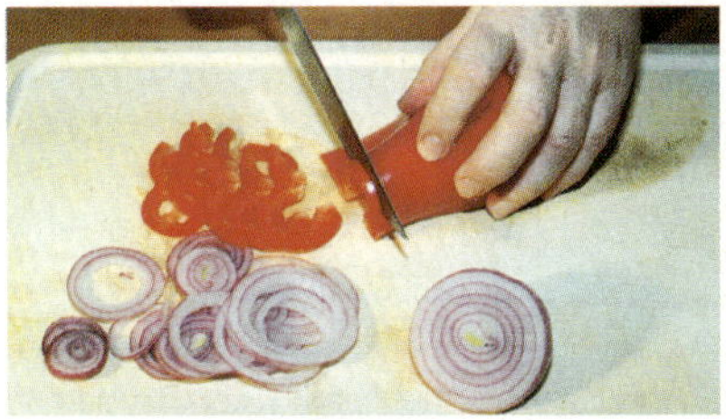 Ringe
Hobeln Reiben Raspeln	 Hobel: Scheiben, Ringe	 Reibe: feine Schnitzel	 Raspel: grobe Schnitzel
Teilen Hacken Pürieren	 Stücke	 sehr fein	 breiig

Du solltest folgende Grundregeln beachten:

Regeln:	Begründung:
● Schneide nicht in der Hand, sondern benütze ein Schneidebrett.	→ geringere Verletzungsgefahr
● Wähle Messer und Schneidebrettchen groß genug.	→ Zeit- und Kraftersparnis
● Zerkleinere Salat und Gemüse möglichst erst kurz vor dem Essen.	→ Wasser- und Vitaminverluste werden verhindert.
● Verarbeite zerkleinerte Lebensmittel rasch weiter. Geht das nicht, decke sie zu und stelle sie kühl.	
● Beträufle helle Gemüse wie Sellerie mit Zitronensaft, oder bedecke sie mit der Marinade.	→ Schutz vor Braunfärbung

Das Profi-Messer verbindet Qualität und Sicherheit:

scharfe, federnde Edelstahlklinge

handgerecht geformter Griff

Tips:

- Kaufe nur Salate der Saison, z.B. Kopfsalat im Sommer, Ackersalat im Winter.
- Stelle Salate möglichst abwechslungsreich zusammen: Schöne Farben und frische Kräuter regen den Appetit an, die Speisen werden besser verdaut.
- Mische Salat und Marinade vorsichtig und erst kurz vor dem Essen: Der Salat fällt dann nicht zusammen.
- Verwende Joghurt statt Mayonnaise: Er enthält weniger Fett und ist deshalb gesünder und leichter verdaulich.

Aufgaben:

1. *Vergleiche die verschiedenen Rezeptschreibweisen. Nach welchem Rezept kannst du am besten arbeiten?*
2. *Welche Rezeptschreibweise findest du häufig in Zeitschriften?*
3. *Schreibe Sylvias und Sortirias Rezept in Marcos Form um.*

Welches Rezept wählen wir?

Marco und Jasmin sammeln Rezeptvorschläge für Salate.

Gemischter Salat (Rezept aus Marcos Kochbuch):

Menge	Zutaten	Zubereitung	Geräte
1/2 Kopf	*Salat*	putzen, waschen, in mundgerechte Stücke zerpflücken	Schüssel Sieb
2	*Tomaten*	waschen, grünen Stielansatz entfernen, in Scheiben oder Achtel schneiden	Abfallschüssel großes Brett
1/4	*Salatgurke*	waschen, schälen, in Scheiben schneiden	Küchenmesser Schäler
1 kleiner	*Rettich*	waschen, schälen, raspeln	Raspel

Zubereitung der Marinade (= Salatsoße = Dressing):

2 EL	*Essig oder Zitronensaft*	verrühren, bis sich Salz und Zucker gelöst haben	Tasse Salatbesteck
1/2 TL	*Salz*		
1/2 TL	*Zucker*		
1 kleine	*Zwiebel*	fein schneiden	
1/2 Bd.	*Petersilie*	fein schneiden oder hacken	
1 EL	*Öl*	dazugeben	

Sylvias Lieblingsrezept:

„Salat Madrid“
1/2 Kopf Salat in Blättern, 1/2 Salatgurke in Scheiben, 100 g schwarze Oliven, 4 Tomaten in Achteln, 2 große Zwiebeln in dünnen Ringen, 1 EL Kresse, 2 hartgekochte Eier
Salatsoße: *2 EL Wasser, 4 EL Kräuteressig, Salz, Zucker, Senf, 2 EL Schnittlauch fein geschnitten, 6 EL Olivenöl*

Auch Sortiria, eine griechische Mitschülerin, bringt ein Rezept mit:

Griechischer Bauernsalat:

4	*Tomaten*
1	*Paprikaschote*
1	*Salatgurke*
	Salz, Pfeffer
4 EL	*Öl*
2 EL	*Essig*
1	*Zwiebel*
200 g	*Schafskäse*
100 g	*Oliven*

Zubereitung:
Gemüse waschen, putzen und beliebig zerkleinern. Für die Soße Essig, Gewürze, Kräuter und Öl mischen und über den Salat gießen. Die Zwiebel in Ringe schneiden, den Schafskäse würfeln und zusammen mit den Oliven auf den Salat geben.

Der krönende Abschluß: das Fest

Jasmin und Marco beschließen, keine fertigen Salate anzubieten, sondern eine Salatbar zu gestalten. Zerkleinertes Gemüse wird ohne Marinade in Schüsseln angeboten. Mehrere Salatsoßen stehen in Krügen zur Auswahl bereit, außerdem Kräuterquark, Oliven und verschiedene Brötchen.

Anordnung:
Speisen und Getränke, Geschirr, Besteck und Servietten werden übersichtlich auf einem stabilen Tisch angeordnet.
Für gebrauchtes Geschirr und Besteck wird ein zusätzlicher Ablagetisch bereitgestellt.

Dekoration:
Blumen, Blattgrün, Herbstlaub, Zweige mit Schleifen, Kerzen ... – der Phantasie sind keine Grenzen gesetzt.

Tip:
Mischungen aus Fruchtsäften und kohlensäurehaltigem Mineralwasser schmecken spritzig und bringen das Fruchtaroma voll zur Geltung. Auch selbst zubereitete alkoholfreie Cocktails und Bowlen eignen sich.

Zitrus-Eistee (4 Gläser)	**Ananas-Bowle (10 Gläser)**
1 l kalter schwarzer Tee *Saft von 1 bis 2 Zitronen* *2 EL Zucker (nach Geschmack)* *Zitronenscheiben zum Anrichten* *Je Glas 1–2 Eiswürfel*	*1/2 l Traubensaft (weiß)* *1 l Mineralwasser* *1 l Apfelsaft* *1 Zitrone (Saft)* *1/4 frische Ananas* *(oder 1 kleine Dose)* Laß die Ananasstücke einige Stunden in der Apfelsaft-Zitronen-Mischung ziehen, bevor du alle Flüssigkeiten zusammenfügst.

3. Viele Zutaten – ein Gericht

Das Rezept für den Rührkuchen findest du auf S. 106.

Sylvia: „Wir haben im Unterricht einen tollen Rührkuchen gebacken. Ich habe dir ein Stück mitgebracht."

Mutter: „Hmm, der schmeckt! Was ist denn da alles drin? Warte, ich rate mal ..."

Viele Speisen werden aus mehreren Lebensmitteln gemischt. Meistens sind die einzelnen „Zutaten" nicht mehr zu erkennen, z. B. bei diesen Speisen:

Grundtechnik: Mischen verschiedener Lebensmittel

Rühren:
Aus verschiedenen Zutaten entsteht eine einheitliche Masse

Handrührgerät

Mixen:
Mischen und gleichzeitig zerkleinern

Mixer

Schlagen:
Einarbeiten von Luft
Schneebesen oder Handrührgerät

Unterziehen:
Schlagsahne oder Eiweiß mit dem Schneebesen vorsichtig durchziehen; so wird die Speise locker.

Schneebesen

Aufgabe:
Stelle fest, welche Zutaten zur Herstellung von Rührkuchen, Teigwaren, Cremespeisen und Marmeladen verwendet werden.

4. Vollwertige Mahlzeiten

Die Kunst des Zubereitens einer Speise beschränkt sich nicht darauf, ein schmackhaftes und schön aussehendes Gericht herzustellen. Auch die Größe der Fleischportion und die Dicke des Wurstbelags auf dem Brötchen sagen nichts über die Qualität des Essens aus. Auf die richtige Auswahl der Lebensmittel und auf ihre Kombination kommt es an:
Ein bunter Salatteller, aromatische Früchte, frisches Gemüse, das nur kurz gegart wird, Vollkorngetreide, Kartoffeln und Milchprodukte, ab und zu Fisch, Fleisch oder fettarme Wurst – das ist schmackhafte und zugleich gesunde Ernährung.
Kuchen und Süßigkeiten sollst du nur in kleinen Portionen genießen.
Der Ernährungskreis hilft dir, die Lebensmittel auszuwählen, die für Wachstum, Leistungsfähigkeit und Gesunderhaltung erforderlich sind.

Der Ernährungskreis

1, 2, 3, 4, 5: Aus jeder dieser Gruppen solltest du täglich ein Lebensmittel essen bzw. trinken.
6, 7: Mit Lebensmitteln aus diesen Gruppen solltest du sparsam umgehen.

Beispiel für ein einfaches und vollwertiges Gericht:

Aufgaben:

1. *Finde für jede Gruppe des Ernährungskreises einen Sammelbegriff.*
2. *Nenne einheimische Getreidearten.*
3. *Welche Brotsorten bietet euer Bäcker an?*
4. *Welche Lebensmittel gehören zu den Milchprodukten?*
5. *Stelle mit Hilfe des Kreises gesunde Lebensmittel zusammen:*
   a) für ein Frühstück,
   b) für eine Pausenvesper.

5. Frische Kräuter am Fensterbrett

Viele Rezepte enthalten Kräuter, die in Geschäften nur selten angeboten werden, z. B. Dill, Bohnenkraut, Kerbel, Basilikum. Das bringt unsere 6a auf eine Idee: Die große Fensterfront in der Schulküche ist ein idealer Platz für frische Küchenkräuter. In Gruppenarbeit werden die Kräutersamen in Blumenkästen eingesät: Petersilie, Schnittlauch, Basilikum, Bohnenkraut, Dill und Kerbel. Diese Kräuter werden roh zu den Speisen gegeben.
Liebstöckel, Salbei, Majoran und Rosmarin kaufen die Schülerinnen und Schüler als Topfpflanzen beim Gärtner. Die Blätter dieser Pflanzen entfalten ihren Duft und ihr Aroma erst, wenn sie ein paar Minuten in den Speisen erwärmt werden.
Für alle Gewürze gilt: Sie dürfen den Eigengeschmack der Speisen nicht überdecken. Je intensiver der Geschmack und der Geruch der Gewürze ist, um so vorsichtiger solltest du dosieren.
Frische Kräuter haben viele Vorteile:

- Sie lassen sich leichter dosieren als getrocknete Kräuter.
- Sie sind sehr aromatisch.
- Sie enthalten viele Vitamine und Mineralstoffe.
- Sie machen das Essen leichter verdaulich.
- Sie ermöglichen es, auch mit wenig Salz ein schmackhaftes Gericht zuzubereiten.

Tips zum Gelingen:
Die Samen werden von Anfang März bis April so tief in die Erde gelegt, wie sie dick sind. Nach dem Angießen deckt man die Erde mit einer Folie ab. So bleibt sie gleichmäßig feucht. Nach dem Keimen müssen zu dicht wachsende Pflänzchen vereinzelt (pikiert) werden. Beachte auch die Hinweise auf der Rückseite der Samentüte.

Aufgaben:

1. Welche frischen Kräuter passen zu
a) Quarkcreme?
b) Tomatensalat?
c) Pellkartoffeln?

2. Stelle eine Salatsoße unter Verwendung verschiedener frischer Kräuter her.

6. Getrocknete Gewürze aus fernen Ländern

Gewürze sind getrocknete Pflanzenteile wie Blüten, Blätter, Samen, Wurzeln oder Rinde. Sie enthalten Aromastoffe, die den Geschmack der Speisen verbessern. Daneben bewirken ihre Inhaltsstoffe eine verstärkte Absonderung des Magensaftes. Die Verdauung wird dadurch erleichtert. Die meisten Gewürze kommen aus den tropischen Ländern der Erde. Gewürze lagerst du am besten dunkel, trocken, kühl und gut verschlossen, damit sie Aroma und Farbe nicht verlieren.

Tip:
Verwende nie mehr als zwei oder drei Gewürze für eine Speise.

Paprika
zu Fleisch, Fisch, Soßen

Pfeffer
zu Salat, Beilagen, Fleisch, Fisch

Kümmel
zu Brot, Kartoffeln, Kraut, Kohl, Käsegebäck

Muskat
zu Gemüse, Suppen, Soßen

Curry
zu Fleisch, Fisch, Reis, Soßen

Zimt
zu Obst, Gebäck, Süßspeisen

Aufgaben:

1. *Unterscheide die Gewürze nach Farbe und Form.*
2. *Probiere die Gewürze.*
3. *Entscheide nach dem Geschmack, von welchen Gewürzen du viel, von welchen du wenig nehmen kannst.*
4. *Versuche die Gewürze mit verbundenen Augen am Geruch und am Geschmack zu unterscheiden.*
5. *Curry ist eine Gewürzmischung. Sieh auf der Packung nach, woraus sie besteht.*

7. Garverfahren verändern Lebensmittel

Kochen	**Dämpfen**	**Dünsten**	**Braten in der Pfanne**
 100 °C	 100 °C–120 °C	 100 °C	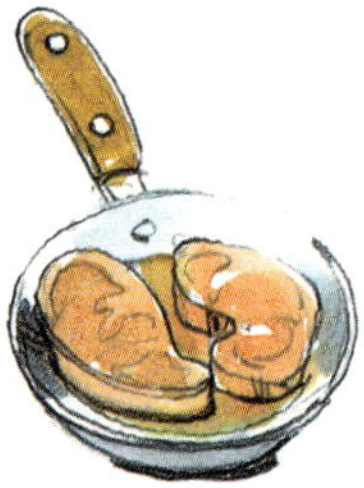 180 °C–250 °C
Garen in siedendem Wasser oder anderen Flüssigkeiten	Garen in Wasserdampf	Garen im eigenen Saft unter Zugabe von wenig Fett oder Flüssigkeit	Garen in heißem Fett mit Bräunung
Lebensmittel in die kochende Flüssigkeit geben. Was ausgelaugt werden soll, kalt zusetzen (z.B. Knochen, Siedfleisch). Zum Garziehen die Energiezufuhr drosseln	Das Gargut im Dämpfeinsatz soll nicht mit dem Wasser in Berührung kommen.	Gargut in wenig Fett andünsten: bei wasserreichen Lebensmitteln kein Wasser angießen. Nicht übergaren!	Die Pfanne ohne Fett erhitzen, wenig wasserfreies Fett zugeben; Bratgut erst einlegen, wenn das Fett Schlieren bildet. Fett nicht überhitzen!
Nährstoffverlust durch Auslaugen	Schonende Gartechnik mit geringen Nähr- und Wirkstoffverlusten	Schonendstes Garverfahren	Durch Zugabe von Fett wird der Energiegehalt der Speisen erhöht.
		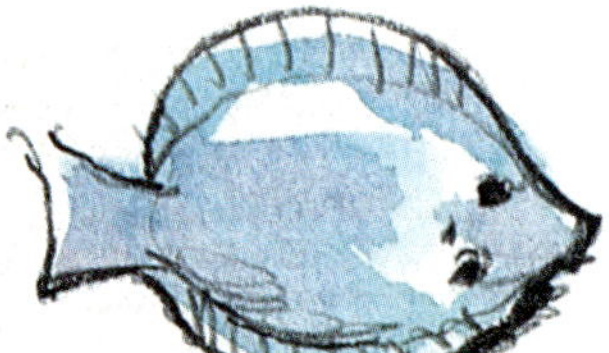	

Garverfahren verändern Lebensmittel

Fritieren	Schmoren	Grillen	Backen

170 °C–200 °C	180 °C–100 °C	200 °C–350 °C	150 °C–220 °C
Garen in heißem Fettbad	Anbraten in heißem Fett. Weitergaren nach Zugabe von wenig kochendem Wasser	Garen durch Strahlungs- oder Kontakthitze	Garen in trockener, heißer Luft mit Bräunung
Nur wasserfreie Fette verwenden. Fett nicht überhitzen, Gargut vorsichtig einlegen (Schaumlöffel oder Fritierkorb). Fett nicht öfter als dreimal verwenden, sonst gesundheitsschädlich! Vorsicht: Brandgefahr!	Beim Anbraten schließen sich die Poren, das Gargut bleibt saftig. Topf geschlossen halten. Verdunstetes Wasser nachgießen	Grillgut leicht einölen oder marinieren*, nicht salzen. Grill vorheizen; Grillgut einlegen, garen, würzen. Es entsteht keine Soße.	Vorheizen nur bei Biskuit- und Brandteig notwendig. Die Einschubhöhe richtet sich nach der Höhe des Gebäcks (vgl. Tabelle des Geräteherstellers). Pizza ganz unten einschieben
Speisen sind fettreich und schwer verdaulich.	Wasserlösliche Vitamine bleiben erhalten, da sie in der Soße mitverwendet werden.	Schonende, schnelle, fettarme Garmethode mit Bräunung; geringer Energieverbrauch	Hitzeempfindliche Vitamine werden zerstört.

* Marinade: Mischung aus Gewürzen und Säure, z.B. Zitronensaft, Essigwasser, Wein oder Buttermilch.
Marinieren: Fleisch oder Fisch in eine „Marinade" legen. Sie werden dadurch würzig und zarter.

8. Wir decken den Tisch

Die Anordnung des Geschirrs und des Bestecks ist nicht zufällig. Sie richtet sich nach der jeweiligen Mahlzeit. Die Bestecke werden in der Reihenfolge aufgelegt, in der sie gebraucht werden. Das zuerst Gebrauchte liegt immer außen. Da die meisten Menschen Rechtshänder sind, liegt das Messer auf der rechten Seite. Auch das Glas oder die Tasse hält man mit der rechten Hand; folglich stehen sie rechts vom Teller.

Die Mahlzeit bestimmt das Gedeck:

Frühstück

Kaffeegedeck

Zeichensprache:

Ich bin fertig.

Ich möchte noch einmal nehmen.

Aufgaben:

1. *Vergleiche die beiden Gedecke oben.*
2. *Welche Speisen erwartest du, wenn der Tisch so gedeckt ist?*
3. *Stelle Regeln für das Tischdecken auf, z. B.: Das Messer liegt rechts, die Schneide zeigt nach ... usw.*
4. *Decke den Tisch für ein Mittagessen. Es gibt: Tomatensuppe, Rührei, Kartoffelbrei, Grünen Salat, Zitronencreme und Mineralwasser.*
5. *Auch heute noch gelten Regeln für das Benehmen am Tisch, z. B.: Man wäscht sich vorher die Hände. Man spricht nicht mit vollem Mund. Suche weitere sinnvolle Regeln.*

Wie wir arbeiten

1. Sauberkeit in der Küche

Unsichtbare Gefahren

Bakterien, Schimmelpilze und andere Krankheitskeime sind überall gegenwärtig. Sie sitzen auf

- deinem Körper
  (besonders an den Händen und Kleidern),
- dem Arbeitsplatz
  (besonders an Küchentüchern, Geräten, Arbeitsflächen),
- den Lebensmitteln
  (besonders an Obst, Gemüse, Fleisch, Wurst, Eiern und Verpackungen).

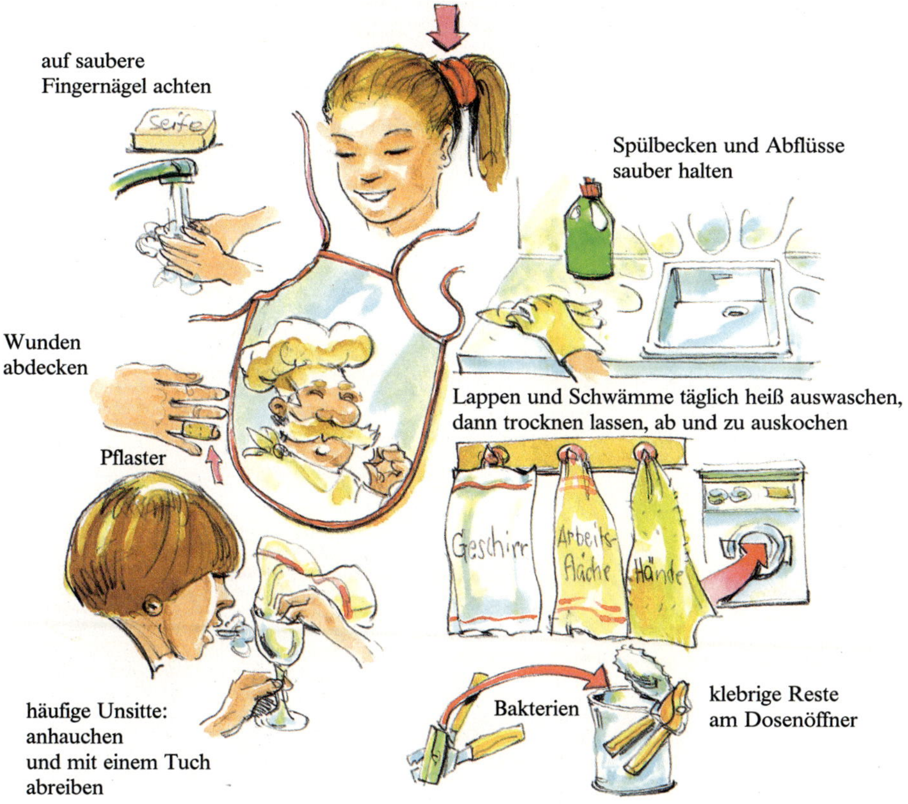

Scharfe Mittel sind entbehrlich:

KARLSRUHE – Das Bundesgesundheitsamt macht darauf aufmerksam, daß die Anwendung von Desinfektionsmitteln im Haushalt nicht notwendig ist.
Die Säuberung mit üblichen Reinigungsmitteln reicht aus, um die Zahl der Bakterien so gering zu halten, daß Krankheiten ausgeschlossen sind. Desinfektionsmittel können zu Augentränen und Hautausschlag führen. Außerdem belasten sie das Wasser.

Aufgaben:

1. *Ordne die Abbildungen folgenden Hygienebereichen zu:*
   - *persönliche Hygiene,*
   - *Arbeitsplatzhygiene,*
   - *Lebensmittelhygiene.*
2. *Warum sollte man im Haushalt keine Desinfektionsmittel verwenden?*

Gefährliche Salmonelleninfektionen

LÖRRACH – Besonders in den Sommermonaten häufen sich die Nachrichten über gefährliche Durchfallerkrankungen, die von hohem Fieber begleitet werden. Allein in Baden-Württemberg erkrankten 11 000 Menschen; davon starben 10. Die Erreger der Krankheit sind Bakterien, die sogenannten Salmonellen. Als Hauptinfektionsquelle gelten Nahrungsmittel tierischer Herkunft.
Über Hände, Kleidung, Arbeitsflächen und Geräte werden die gefährlichen Krankheitserreger auf andere Lebensmittel übertragen.
Die Zunahme der Erkrankungen erklärt sich unter anderem durch den sorglosen Umgang mit Lebensmitteln, die rohe Eier enthalten, z. B. Mayonnaise, Cremespeisen, Tortenfüllungen und Eis.

2. Lebensmittel vor Krankheitserregern schützen

Um zu wachsen und sich vermehren zu können, brauchen Bakterien, Schimmelpilze und andere Krankheitskeime Nahrung, Feuchtigkeit und gleichmäßige Wärme. Besonders gut gedeihen sie in eiweißreichen Nahrungsmitteln wie Fleisch, Fisch und Eiern. Aus zehn Bakterien können in 24 Stunden zehn Millionen werden. Bei tiefen Temperaturen (Kühl- und Gefrierschrank) verlangsamt sich ihre Vermehrung. Bei hohen Temperaturen (Kochen und Braten) sterben sie ab.

Die Übertragung verhindern

- Größte Sauberkeit in der Küche
- Mit zwei Löffeln probieren
- Abfälle in einer Schüssel sammeln
- Auftauwasser von Tiefkühlgeflügel wegschütten und alles, was damit in Berührung gekommen ist, gut reinigen
- Auf Speisen, die rohe Eier enthalten, verzichten

Die Vermehrung verhindern

- Eier im Kühlschrank lagern
- Speisen abgedeckt und kühl aufbewahren
- Tiefkühlgeflügel im Kühlschrank auftauen
- Fleisch (besonders Hackfleisch und Geflügel) gut durchbraten
- Fertiggerichte nicht nur aufwärmen, sondern kräftig erhitzen
- Speisen nicht längere Zeit warmhalten

Der Weg der Salmonellen auf den Teller
(Salmonellen sind die Erreger einer schweren Durchfallerkrankung.)

Aufgaben:

1. *Wo leben die krankmachenden Bakterien?*
2. *Wie gelangen sie in den Menschen?*
3. *Nenne Maßnahmen, die eine Übertragung der Keime verhindern.*
4. *Warum solltest du Geflügel gut durchbraten?*

3. Geschirrspülen – sauber und umweltschonend

Jasmin und Marco haben Spüldienst. Jasmin ärgert sich beim Abtrocknen: „Immer, wenn du spülst, kommen wir als letzte aus der Küche."
Marco: „Ich spüle eben sauberer als die anderen."
Jasmin: „Unsinn! Du spülst doch alles durcheinander, mal ein Glas, dann einen Topf! Deshalb brauchst du auch zu viel Spülmittel, und ich darf dann überall auch noch den Schaum abtrocknen."
Marco: „Bist du unlogisch! Wenn ich vorher sortiere, habe ich einen Arbeitsgang mehr. Ist doch klar, daß das länger dauert."

Vor dem Spülen:
Speisereste von Tellern und aus Schüsseln entfernen, eventuell in stehendem Wasser kalt vorspülen. Topfböden nach Gebrauch mit Wasser bedecken, damit sich auch eingebrannte Reste leicht lösen.

Aufgaben:

1. *Nimm zu den Aussagen von Jasmin und Marco Stellung.*
2. *Macht einen Spülversuch: Spült in drei Spülbecken Kaffeegeschirr, jeweils in 6 l heißem Wasser:*
   - *im ersten Becken ohne Spülmittel,*
   - *im zweiten Becken mit einem Tropfen Spülmittel,*
   - *im dritten Becken mit fünf Tropfen Spülmittel.*

   Vergleicht die Ergebnisse.
3. *Wie kannst du Überdosierungen des Spülmittels vermeiden?*
4. *Warum soll man nicht unter fließendem Wasser spülen (vgl. S. 47)?*

4. Trocknen lassen oder mit sauberem Tuch abtrocknen.

3. Nachspülen: in sehr heißem, klarem Wasser, um Spülmittelreste zu entfernen.

2. Reinigen: In sehr heißem Wasser, dem wenige Tropfen Spülmittel beigegeben werden, damit sich die Fettreste lösen.

1. Sortieren und in dieser Reihenfolge spülen:
   - Glas
   - Porzellan
   - Besteck
   - Töpfe, Pfannen
   - Backbleche

Nach dem Spülen:
Geschirr einräumen, Arbeitsflächen, Spülbecken und Abtropffläche säubern, Spülbürsten, Schwämme bzw. Lappen auswaschen, Spülbecken trocken reiben, alle feuchten Gegenstände zum Trocknen aufhängen.

4. Sicheres Arbeiten

Gefahr erkannt, Gefahr gebannt!

Unfälle geschehen nicht zufällig, sondern werden verursacht. Neben Unwissenheit spielen Leichtsinn, Bequemlichkeit, Hetze, Gereiztheit und Müdigkeit eine wichtige Rolle.

Unfälle	**Ursachen**	**Was tun?**
Stürze 	• unsichere Haushaltsleitern und Klappstühle, wackelnde Steigmittel • glatte und nasse Fußböden • Abfälle auf dem Boden • Hindernisse im Gehbereich	Zum Beispiel: 
Verbrühungen Verbrennungen Brände 	• Kochdämpfe und heiße Flüssigkeiten • heiße Herdplatten • fehlende Kindersicherungen an Herden • beschädigte Geräte (z. B. angeschmorte bzw. ausgefranste Kabel) • Selbstentzündung (bei Überhitzung von Fett oder Wachs) • leicht entzündliche Flüssigkeiten (z. B. Fleckentferner, Brennspiritus) **Wie entsteht ein Fettbrand?** Fett entzündet sich bei hohen Temperaturen von selbst und brennt dann lichterloh. Fettbrände entstehen auch leicht beim Fritieren: Durch das Wasser in den Kartoffeln beginnt das Fett zu schäumen, läuft über und entzündet sich.	Sicheres Abgießen   • Nie mit Wasser löschen! • Ein Topfdeckel (notfalls ein Küchenbrett) erstickt die Flammen.

Wenn du diese Gefahrensymbole auf Verpackungen findest, ist besondere Vorsicht am Platz.

F

leichtentzündlich

0

brandfördernd

E

explosionsgefährlich

Unfälle	Ursachen	Was tun?
Elektrischer Schlag 	• Verwendung beschädigter Geräte und angeschmorter oder ausgefranster Kabel • unsachgemäße Gerätereparaturen • Kurzschluß durch Wasser • falsche Bedienung der Geräte **Warum ist Strom so gefährlich?** Der menschliche Körper leitet den elektrischen Strom. Besonders groß ist die Leitfähigkeit, wenn man elektrische Geräte mit nassen Händen berührt.	Zum Beispiel: • Verwende keine beschädigten Geräte oder defekte Kabel. • Laß Geräte vom Fachmann reparieren. • Bringe Elektrogeräte nie mit Wasser in Berührung. • Lies die Bedienungsanleitungen deiner Geräte.
Stich- und Schnittverletzungen 	• unsachgemäße Handhabung von Messern, Brotschneidemaschinen und anderen Geräten sowie scharfkantigen oder spitzen Gegenständen (z. B. beschädigtes Geschirr, geöffnete Dosen)	• Spüle Messer einzeln. • Lege sie mit dem Griff nach der gleichen Seite in die Schublade.
Vergiftungen  	• Aufbewahren von Arznei-, Reinigungs- oder Schädlingsbekämpfungsmitteln an nicht kindersicheren Orten • Umfüllen giftiger Stoffe in Lebensmittelbehälter • Leichtsinn im Umgang mit Chemikalien	• Sicherheit beginnt beim Einkauf: Ersetze gefährliche Haushaltschemikalien durch unschädliche. • Bewahre Arzneimittel in der Hausapotheke auf.
Gefahrensymbole warnen vor gefährlichen Stoffen:	Xi  reizend C  ätzend T  giftig Xn  gesundheitsschädlich	Diese Nummern solltest du kennen: **Notruf** Feuerwehr 112 Polizei und Rettungsdienst 110 Hausarzt, Apotheke, Krankenhaus } je nach Wohnort **Vergiftungszentralen** Freiburg 07 61/27 01 München 0 89/41 40 22 11

5. Gut geplant ist halb gelungen

Sylvias Mutter ist berufstätig. Heute ist Sylvia schon vor ihr zu Hause. Sie will ihr eine Freude bereiten und sie mit einem fertigen Nudelsalat überraschen. Bis zur Rückkehr der Mutter hat sie noch eine dreiviertel Stunde. Reicht die Zeit?
In der Schule hat sie den Nudelsalat zusammen mit Marco in einer halben Stunde zubereitet.

Arbeitsplan für ein Zweierteam:

Sylvia

Arbeitsschritte
- Zutaten und Geräte bereitstellen
- Nudelwasser aufsetzen
- Nudeln ins kochende Salzwasser einlegen
- Nudelwasser abgießen
- Nudeln abschrecken
- mit Marcos Zutaten mischen
- abschmecken

Marco

Arbeitsschritte:
- Zutaten und Geräte bereitstellen
- Zutaten für die Marinade mischen
- Schinken und Gemüse zerkleinern
- alle Zutaten mit der Marinade mischen
- Tisch decken

Sylvia arbeitet allein:

Zuerst liest sie die erforderlichen Arbeitsschritte noch einmal genau durch.
Dabei stellt sie fest, daß sie bei der Zubereitung der Nudeln nicht ständig beschäftigt ist:
Das Wasser braucht einige Minuten, bis es kocht.
Die Nudeln müssen einige Zeit quellen, bevor sie gar sind.
Die dadurch entstehenden Wartezeiten kann sie für andere Tätigkeiten nützen.

Wartezeit ← **Tätigkeit**

Nudelsalat
150 g Teigwaren gegart
150 g gekochter Schinken in Würfeln
1 Apfel in Würfeln
2–3 Gewürzgurken in Würfeln
1 Tasse Erbsen (TK oder kleine Dose)
1 EL Petersilie gehackt

Marinade:
2 TL Senf
1 Becher Joghurt
3 EL Essig oder Zitronensaft
Salz, Pfeffer
3 EL Öl

Abwandlung:
Statt Nudeln kannst du auch Reis verwenden. Die Garzeit beträgt je nach Reissorte 20 bis 30 Minuten.

Wartezeiten sinnvoll nützen

Sylvias Arbeitsplan

Zeit	Nudeln	Salatzutaten	andere Tätigkeiten
5 Min.	alle Zutaten und Geräte bereitlegen		
2 Min.	Nudelwasser aufsetzen		
5 Min.	Wasser zum Kochen bringen	Marinade herstellen	
1 Min.	Nudeln einlegen		
12 Min.	Garen der Nudeln	Schinken, Gewürzgurke, Apfel } würfeln Petersilie hacken Erbsen abmessen	
3 Min.	Nudelwasser abgießen Nudeln abschrecken		
2 Min.	Nudeln mit den zerkleinerten Zutaten und der Marinade mischen		
3 Min.	abschmecken		
10 Min.	Salat ziehen lassen		Tisch decken Geschirr spülen
	Anrichten und essen		

Arbeitspläne – Zeitverschwendung?

Damit im Haushalt alles „wie am Schnürchen" klappt, muß gut geplant werden.
Auch im Hauswirtschaftsunterricht müssen wir zu einer bestimmten Zeit fertig sein. Ein Arbeitsplan hilft dir, den Zeitpunkt zu ermitteln, an dem du mit der Arbeit beginnen mußt, um rechtzeitig und ohne Hetze zur gewünschten Zeit fertig zu werden.

Folgendes solltest du dabei beachten:

- Beginne mit der Speise, deren Zubereitung am längsten dauert.
- Nütze die Wartezeiten für andere Zubereitungs- oder Reinigungsarbeiten.
- Bereite rohe Speisen aus Obst und Gemüse zuletzt zu.

Gesamtarbeitszeit: (Vorbereitungszeit) + (Zubereitungszeit) + (Aufräumzeit)

Aufgaben:

1. Erprobt Sylvias Arbeitsplan in der Schule in Partnerarbeit: Eine bzw. einer kocht, die oder der andere notiert die Zeit und kontrolliert, ob sachgerecht gearbeitet wird.

2. Zum Mittagessen soll es Pellkartoffeln, Kräuterquark und Tomatensalat geben.

a) Erstelle einen Arbeitsplan für eine Person.

b) Wann mußt du beginnen, wenn das Essen um 13.00 fertig sein soll?

6. Alles griffbereit

Liebe Sylvia,
nun sind wir schon zwei Wochen hier bei meiner Großmutter in der Lüneburger Heide. Sie bewohnt ein altes Bauernhaus, das unter Denkmalschutz steht.
Gestern habe ich für die ganze Familie schwäbische Spätzle gekocht, handgeschabt natürlich, mit Gulasch und Salat. Es schmeckte super! Meine Mutter war sehr stolz auf mich. Es war auch ziemlich schwierig. Nicht nur, weil es hier keine Spätzlepresse gibt.
Großmutters Küche ist riesig. Ich war ständig am Laufen: vom Herd zum großen Eßtisch, vom Küchenschrank zur Spüle und zurück. Und anschließend stand überall schmutziges Geschirr herum. Nun weiß ich, warum meine Mutter ihre neue Einbauküche so toll findet. Zum Glück haben nachher alle mit aufgeräumt.
Wir sehen uns ja nächste Woche wieder, dann erzähl ich Dir mehr.

Bis dahin viele Grüße
Deine Birgit

Um in einer Küche rationell arbeiten zu können, müssen die Arbeitsbereiche einander richtig zugeordnet sein. Nur so können alle Tätigkeiten, die mit der Nahrungszubereitung zusammenhängen, hygienisch, sicher, schnell und bequem ausgeführt werden: Vor- und Zubereiten des Essens, Reinigungsarbeiten, Aufbewahren des Geschirrs, Lagern der Vorräte.
Daher finden sich in jeder Küche dieselben Arbeitsbereiche.

Möbel, Küchengeräte und Geschirr sind auf die Arbeiten abgestimmt, die im Arbeitsbereich ausgeführt werden.

Aufgaben:
1. *Überprüfe zu Hause und in der Schulküche, ob die Schubladen und Schränke das enthalten, was in die Arbeitsbereiche gehört.*
2. *Welche Arbeiten lassen sich nur im Stehen durchführen?*
3. *Welche Arbeiten könntest du sitzend erledigen?*

Technische Helfer in der Küche

1. Elektrische Kleingeräte erleichtern die Arbeit

Elektrische Kleingeräte gibt es in jedem Haushalt. Sie brauchen wenig Platz, sind schnell betriebsbereit und leicht zu reinigen. Richtig eingesetzt, ersparen sie Zeit und Kraft und erleichtern dadurch die Arbeit.

Im Umgang mit ihnen ist besondere Vorsicht notwendig, denn die Verletzungsgefahr ist größer als bei Handgeräten.

Sicherer Umgang mit Elektrogeräten

- Lies vor der Benutzung eines Gerätes die Gebrauchsanweisung sorgfältig und vollständig durch.
- Schalte das Gerät erst ein, wenn alle Teile, die du verwenden willst, fest sitzen und das Kabel sicher liegt. (Vorsicht bei heißen Herdplatten!)
- Halte Schneebesen oder Knethaken ins Rührgut, schalte dann erst das Gerät ein.
- Greife nicht mit der Hand oder mit Gegenständen (z.B. Probierlöffel) in das laufende Gerät.
- Schalte nach Gebrauch immer zuerst das Gerät aus. Ziehe dann den Stecker aus der Steckdose. Fasse dabei den Stecker, nicht das Kabel!
- Spüle nur die abnehmbaren Teile des Geräts, das Gerät selbst wird nur feucht abgewischt.

Tip:
Wenn du ein Gerät einkaufst, achte auf diese Zeichen:

VDE GS geprüfte Sicherheit

Alle Geräte, die diese Zeichen tragen, entsprechen den gesetzlichen Vorschriften und sind auf elektrische Sicherheit geprüft.

Aufgaben:

1. Welche der abgebildeten Geräte hältst du in einem 2-Personen-Haushalt für unbedingt erforderlich?

2. Du willst einen Zwiebelkuchen backen und brauchst dazu 500 g gewürfelte Zwiebeln. Lohnt sich der Einsatz der Küchenmaschine? Begründe deine Entscheidung.

2. Richtig schalten beim Elektroherd

Elektroherd mit Kochzonen in einem Glaskeramikkochfeld

Die Kochstellen des Elektroherdes unterscheiden sich in der Heizleistung und in der Regulierung. Zu jeder Kochstelle gehört ein Schalter, mit dem die gewünschte Heizstufe (Temperatur) eingestellt wird. Sie richtet sich nach der Menge und nach der Garungsart.

Garungsart: (für große Mengen höhere Einstellung wählen)	Schmelzen Ausquellen	Fortkochen Dünsten Dämpfen Schmoren	Braten	Ankochen Erhitzen großer Mengen
Schaltstufen: Stufenschalter ➡	•	1 •	2 •	3
Stufenloser Schalter ➡	1 2 3 4	5 6 7 8	9 10	11 12

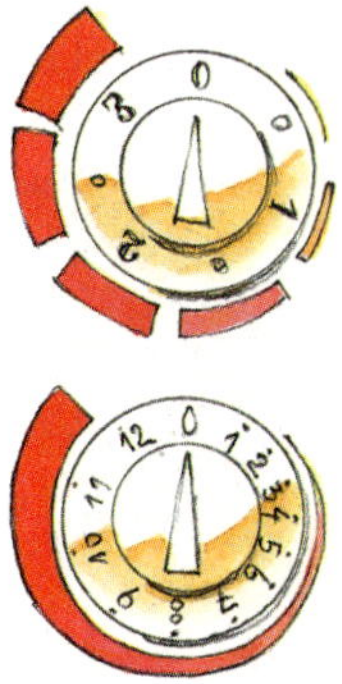

So wird geschaltet: Beispiel Kochen

Normalkochplatte mit Stufenschaltung		Automatikplatte mit stufenloser Schaltung	
1. Einschalten Höchste Stufe wählen: Ankochen		1. Einschalten Gewünschte Heizstufe wählen: Kochen	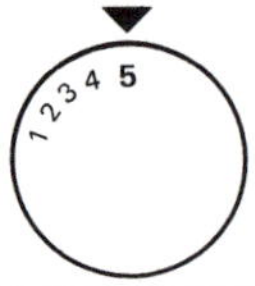
2. Zurückschalten niedrige Stufe: Fortkochen	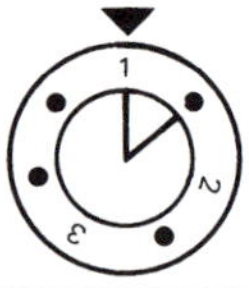	2. Nicht zurückschalten!	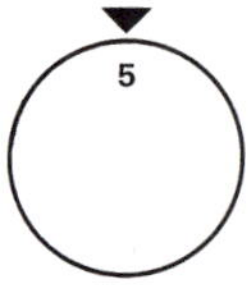
3. Ausschalten Stufe 0 ca. 5 Minuten vor Ende der Garzeit Nachwärme nutzen	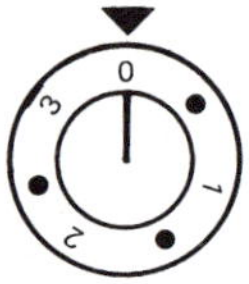	3. Ausschalten Stufe 0 ca. 5 Minuten vor Ende der Garzeit Nachwärme nutzen	
Je höher die Zahl, desto größer die Heizleistung.		Die Kochstelle wird schnell aufgeheizt und durch einen Regler auf der eingestellten Temperatur gehalten.	

Manche Herde haben eine „Blitzkochplatte“. Sie ermöglicht auf Stufe 3 (durch eine Zusatzheizung) ein schnelleres Ankochen.

Aufgaben:

1. Woran erkennst du die Automatikplatte?

2. Wie unterscheidet sich die Schaltung der Normalkochplatte von der Schaltung der Automatikplatte?

3. Du willst Nudeln zubereiten. Welche Schaltereinstellungen wählst du

a) bei der Normalkochplatte?

b) bei der Automatikplatte?

3. Energie sinnvoll nützen

Ein gewölbter Topfboden erhöht den Stromverbrauch auf das 1,5fache.	Kochen ohne Deckel erfordert die dreifache Energie.	Zu klein oder zu groß gewählte Kochstellen (bzw. Töpfe) erhöhen den Stromverbrauch auf ein Vielfaches.

Tip:
Achte beim Kauf von Kochgeschirr für den Elektroherd auf gute Verarbeitung. Der Boden muß plan (eben) sein und darf sich nicht verziehen.

Überlegtes Handeln spart Energie und schont die Umwelt

- Wähle die Kochstelle passend zur Topfgröße.
- Decke den Topf zu (außer beim Braten).
- Schalte rechtzeitig zurück.
- Nütze die Nachwärme.
- Bevorzuge Garungsarten, die wenig Flüssigkeit erfordern.
- Verwende bei Gerichten mit langen Garzeiten den Dampftopf.

Bei der Stromerzeugung aus Kohle und Erdöl entstehen Abfallstoffe, die Luft, Wasser und Boden belasten. Viele Wissenschaftler befürchten sogar eine Klimaveränderung. Strom aus Atomkraftwerken birgt große Risiken für das Leben auf der Erde.
Strom (Energie) sparen schont also nicht nur den eigenen Geldbeutel, sondern ist ein wichtiger Beitrag zum Umweltschutz.

Der Gasherd – Wärme nach Maß
Beim Gasherd liefert Stadt- oder Erdgas die nötige Wärmeenergie. Besondere Vorteile sind:

- Die Wärme kann stufenlos reguliert werden. Je größer die Flamme, desto mehr Wärme entsteht.
- Es gibt keine Nachwärme. Wenn die Flamme ausgeschaltet ist, wird keine Energie mehr abgegeben.
- Gasherde arbeiten energiesparend.

Keine Angst vor Gas!
Eine Zündsicherung stoppt die Gaszufuhr, falls die Flamme einmal ausgehen sollte, z. B. durch überlaufende Milch.

Aufgabe:
Wie kochst du am stromsparendsten?
Zeichne den Topf auf der Kochstelle.
(Beachte: Topfboden, Größe von Topf und Kochstelle, Deckel)

4. Wenn es schnell gehen soll: der Schnellkochtopf

Wie funktioniert ein „Schnellkochtopf" (Dampfdrucktopf)?
Wenn man Wasser zum Sieden bringt, entweicht Wasserdampf in die Luft. Aus dem Schnellkochtopf kann das Wasser nicht entweichen, denn eine Gummidichtung und ein Ventil im Topfdeckel verschließen den Topf luftdicht. Dadurch entsteht ein Überdruck, der eine höhere Siedetemperatur (104 bis 116 °C) bewirkt: Die Speisen werden daher schneller gar.

Garzeiten einiger Speisen

im Schnellkochtopf		im herkömmlichen Topf
Blumenkohl	5–7 Min.	20–30 Min.
Möhren (Karotten)	4–6 Min.	20 Min.
Linsen	10–15 Min.	75–90 Min.
Pellkartoffeln	12–15 Min.	30 Min.
Teigwaren	2–4 Min.	10–12 Min.
Reis	7 Min.	30 Min.
Schweinebraten	20–30 Min.	100–120 Min.
Gulasch	15–20 Min.	45–60 Min.

Geringere Garzeit = geringerer Energieverbrauch

Wichtig:
Lies vor jedem Gebrauch eines Schnellkochtopfes die Gebrauchsanweisung des Herstellers durch und befolge sie genau!

So werden die meisten Schnellkochtöpfe bedient:
1. Gummiring und Ventil überprüfen.
2. Mindestmenge an Flüssigkeit (1/4 l) einfüllen.
3. Speisen zugeben.
4. Topf schließen, so daß beide Griffe übereinander liegen.
5. Bei hoher Wärmezufuhr ankochen.
6. Tritt Dampf aus der Ventilöffnung, Kochregler auf gewünschte Kochstellung bringen.
7. Die Garzeit beginnt – je nach Gericht verschieden –, wenn der erste oder der zweite Ring auf dem Kochanzeigestift sichtbar wird. (Kurzzeitmesser einstellen!)
8. Kochplatte zurückschalten, damit der Kochanzeigestift nicht weiter steigt.
9. Nach Ende der Garzeit Topf von der Kochstelle nehmen, abkühlen lassen oder den Kochregler langsam zurückziehen und so Dampf ablassen.
10. Erst wenn der Kochanzeigestift nicht mehr sichtbar ist, darf der Schnellkochtopf geöffnet werden.

Aufgaben:

1. *Vergleiche die Garzeiten im Schnellkochtopf mit denen in „normalen" Töpfen.*
2. *Für welchen Personenkreis ist der Kauf eines Schnellkochtopfes empfehlenswert?*
3. *Welche Nachteile hat der Topf?*

Vorsicht!
Gib immer ausreichend Flüssigkeit in den Topf! Fülle Topf und Einsatz maximal zwei Drittel voll.
Nie mit Gewalt öffnen!

5. Der Backofen – ein vielseitiges Gerät

Im Backofen kannst du
- Backen: Brot, Gebäck, Aufläufe
- Überbacken: Toast, Nachspeisen
- Garen ohne Fett: Große Bratenstücke (Römertopf, Bratfolie)
- Eindünsten: Obst, Gemüse
- Trocknen: Kräuter, Obst, Pilze
- Wärmen: Teller, Schüsseln

Wenn Grill und Mikrowelle eingebaut sind, kannst du darin auch
- Grillen: Gemüse, Fleisch, Fisch
- Auftauen in der Mikrowelle: Tiefgefrorene Lebensmittel

Ein in Sichthöhe eingebautes Gerät ermöglicht bequemes und sicheres Arbeiten in aufrechter Körperhaltung.

Im Backofen werden die Speisen in trockener, heißer Luft gegart. Beim Umluft-Backofen wird die Wärme durch einen Ventilator gleichmäßig im Backraum verteilt.
Die Mikrowelle ersetzt den Herd nicht, sondern ist lediglich ein Zusatzgerät zum Auftauen, Erwärmen und Garen. Mikrowellen sind unsichtbar. Sie werden von den Wassermolekülen der Lebensmittel aufgenommen und in Wärme umgewandelt. Als Geschirr sind geeignet: Glas, Porzellan, Keramik und Kunststoff. Nicht geeignet sind Metall oder Porzellan mit Goldrand.

Backofen mit Ober- und Unterhitze	Umluftbackofen
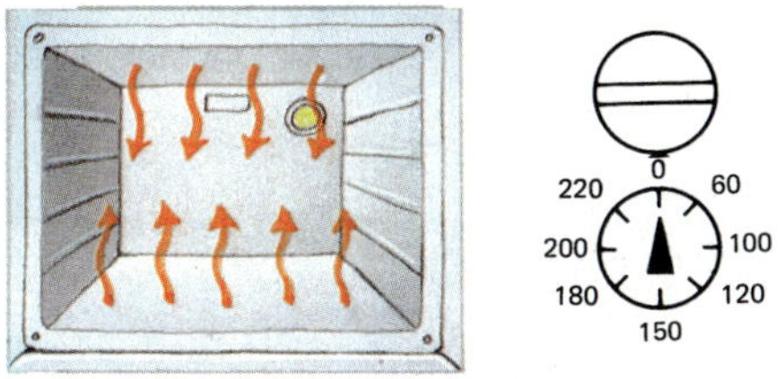	
• Vorheizen erforderlich. • Es kann nur ein Blech eingeschoben werden: flaches Gebäck – mittlere Schiene hohes Gebäck – untere Schiene	• Kein Vorheizen nötig. • Es können mehrere Bleche gleichzeitig eingeschoben werden: Das 1. Blech stellst du auf die 2. Schiene, nach Bedarf kannst du weitere Bleche in folgender Reihenfolge dazugeben: 4., 3., 5. Schiene.
In Kochbüchern werden die Temperaturen meistens für Backöfen mit Ober- und Unterhitze angegeben.	Beim Umluftbackofen muß die Backtemperatur etwa 20 bis 30 Grad niedriger eingestellt werden als beim Backofen mit Ober- und Unterhitze.

Backtemperaturen:

100 bis 120 °C	Eiweißgebäck
150 bis 170 °C	Aufläufe
170 bis 200 °C	Rührkuchen, Biskuit, Mürbteig (= Knetteig)
200 bis 220 °C	Hefeteig, Brandteig, Blätterteig

Tips:
Sinnvoll Strom sparen
- Heize den Backofen nicht unnötig lange vor (bei Umluft gar nicht).
- Nutze das Gerät gut aus, indem du größere Mengen oder mehrere Gerichte gleichzeitig zubereitest.
- Schalte das Gerät rechtzeitig aus. Die Temperatur hält noch gut zehn Minuten an (Nachwärme).
- Wähle bei einem Neukauf ein energiesparendes Gerät.

6. Lebensmittel lagern

Um den Gesundheitswert zu erhalten, müssen Lebensmittel richtig gelagert werden.
Vater war für das Wochenende einkaufen. Da er in Eile war, hat er den Korb mit den Waren in die Küche gestellt und Sylvia gebeten, die Lebensmittel einzuräumen:
Fleisch, Wurst, Käse, Eier, Butter, Frischmilch, Dosenmilch, Tomaten, Salat, Bananen, eine Zitrone, TK-Gemüse, ein Glas Gurken, einen Fertig-Tortenboden, 2 Flaschen Apfelsaft, Kartoffeln, Reis und Teigwaren.

Sylvia sortiert die Waren nach ihrem Lagerort.

Kühlschrank	Vorratsschrank
Gefriertruhe (oder Tiefkühlfach)	Keller

Tips:
Im Kühlschrank trocknen Lebensmittel schnell aus. Gerüche können von einem Lebensmittel auf ein anderes übertragen werden.
Deshalb:
- decke Speisen und Getränke stets ab,
- verpacke stark riechende Lebensmittel in dicht schließenden Behältern.

Kühlung ist teuer!
Für die Kühlung wird viel Energie benötigt. Eis an den Wänden des Gerätes isoliert, d.h. es behindert die Kälteerzeugung und steigert den Energieverbrauch unnötig.
Deshalb:
- stelle nie heiße Speisen hinein,
- öffne die Tür nicht unnötig,
- laß sie nicht lange offen stehen,
- taue das Gerät regelmäßig ab, und reinige es gründlich mit Spüllösung, der ein Schuß Essig beigefügt ist. (Essig tötet Bakterien ab.)

Frische Lebensmittel – Lagern im Kühlschrank*

Hackfleisch, roh	8 Stunden!
Frischwurst	1–2 Tage
Fleisch	1–3 Tage
Fisch, frisch	1–2 Tage
Eier, Butter	10–14 Tage
Milch	2–3 Tage
Milchprodukte, geöffnet	2–3 Tage
Zubereitete Speisen	1–3 Tage
Blattgemüse	2–4 Tage
Wurzelgemüse	8–10 Tage
Beerenobst	1–2 Tage
Steinobst	2–3 Tage

* Wie lange Lebensmittel sich im Kühlschrank lagern lassen, hängt auch von ihrem Frischegrad und der eingestellten Temperatur ab.

Tiefkühlkost – Lagern im Gefriergerät

Im Gefriergerät herrschen Temperaturen von –18 °C und tiefer. Du kannst darin selbst zubereitete Speisen, Obst und Gemüse einfrieren und gekaufte Tiefkühlkost längerfristig lagern.

Lebensmittel	Lagerdauer	Hinweise
Speiseeis Fertiggerichte Backwaren Hackfleisch, Wurst Alle anderen Waren	bis 2 Monate bis 3 Monate bis 3 Monate bis 3 Monate bis 1 Jahr	Verpackung: dicht schließende, feste Behälter, gut zu reinigen, stapelbar. Beschriftung: Inhalt der Packung und Datum Fertigpackungen: Mindesthaltbarkeitsdatum beachten

Trockenvorräte – Lagern im Speiseschrank

Im Speiseschrank werden langfristig haltbare Lebensmittel trocken, dunkel und luftig gelagert.

Lebensmittel	Lagerdauer	Hinweise
Vollkornprodukte (zerkleinert)	2–3 Wochen	Auf geschlossene Verpackungen achten, regelmäßig auf Insekten- und Schimmelbefall kontrollieren, übersichtlich anordnen, Mindeshaltbarkeitsdatum beachten
Mehl, Grieß, Kakao, Haferflocken, Teigwaren	bis 1/2 Jahr	
Hülsenfrüchte, Reis, Getreide (Körner), Honig, Marmelade, Speiseöl, Gewürze, Zucker	bis 1 Jahr	
Vollkonserven	bis 2 Jahre	

Wintervorräte – Lagern im Keller

In kühlen, dunklen Kellern können Obst und Gemüse längerfristig eingelagert werden.

Lebensmittel	Lagerdauer	Hinweise
Birnen Äpfel Kartoffeln	bis 3 Monate bis 6 Monate bis 8 Monate	In Neubauten sind die Keller häufig zu warm; frische Waren halten nur kurze Zeit.

Aufgaben:

1. *Welche Waren gehören wohin? Hilf Sylvia beim Sortieren. (Vorratsschrank, Keller, Kühl- oder Gefrierschrank)*
2. *Warum muß Fleisch im obersten Fach des Kühlschranks aufbewahrt werden?*
3. *Im Handel werden Alufolien und Kunststoffbeutel zum Tiefgefrieren angeboten. Sylvia verwendet lieber feste Behälter. Erkläre Vor- und Nachteile der verschiedenen Verpackungen.*

7. Spülen mit der Spülmaschine

Die 6a hat ein Klassenfest gefeiert. Danach türmt sich das Geschirr in der Schulküche. Es lohnt sich, die Spülmaschine zu benützen. Was ist zu tun?

Tips:
Die Verbraucherberatungsstelle rät:
- Maschine nur einschalten, wenn sie ganz gefüllt ist.
- Bei leicht verschmutztem Geschirr das Sparprogramm wählen.
- Wenige und möglichst umweltfreundliche Reinigungsmittel wählen.
- Diese sparsam dosieren.
- Keine Desinfektions- und Bleichmittel verwenden (Salmiak, chlorhaltige Mittel).

- Grobe Speisereste vom Geschirr und aus Töpfen entfernen,
- Geschirr einsortieren,
- überprüfen, ob die Sprüharme ungehindert rotieren können.

Für die Spülmaschine nicht geeignet:
Geschirr mit Golddekor oder mit Farben auf der Glasur, Bleikristall, dünnwandiges Porzellan, Holzgeräte, nicht hitzebeständige Plastikartikel.

Tassen
Untertassen
Gläser

Bestecke
Teller
Schüsseln
Töpfe

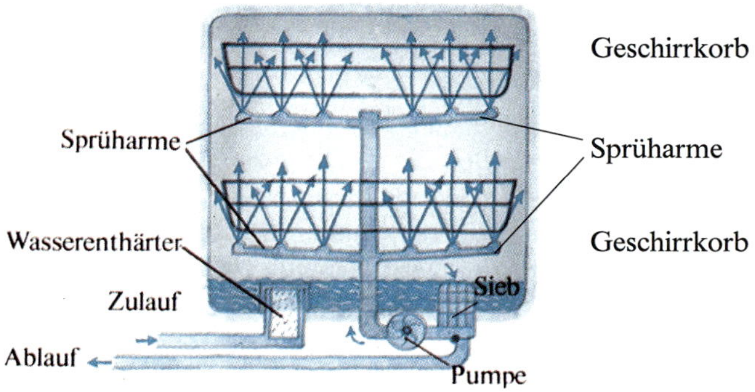

- Reinigungsmittel zugeben,
- Tür schließen,
- Wasserhahn öffnen,
- passendes Programm einschalten.

Umweltschonend spülen:
Ein Klarspüler ist überflüssig! Ein Schuß Essig erfüllt denselben Zweck: Das Geschirr wird fleckenlos glänzend.
Salz sollte nur bei hartem Wasser verwendet werden (Härte 2 bzw. 3), denn es kann in der Kläranlage nicht entfernt werden. In den Gewässern kann es zum Absterben der Fische führen.

Danach:
- Ausräumen,
- Restesieb reinigen,
- Wasserhahn schließen,
- bei Bedarf Türdichtungen und Außentür reinigen.

Aufgabe:
Sucht Argumente für und gegen den Kauf einer Spülmaschine und diskutiert sie. (Bildet zwei Gruppen: Pro und Kontra.) Berücksichtigt dabei einen 2- und einen 5-Personen-Haushalt.

Wir kaufen Lebensmittel ein

1. Es gibt viele Einkaufsmöglichkeiten

„Hier gibt es einfach alles, von der Zahnbürste bis zum Blumenkohl. Wir kaufen nur am Wochenende ein. Wir sind beide berufstätig."
(Frau Munz, 29 J., und Herr Knauer, 32 J., kinderlos)

„Ich gehe täglich spazieren. Auf dem Rückweg erledige ich die Einkäufe. So nütze ich gleichzeitig meiner Gesundheit und der Umwelt. Außerdem treffe ich dabei immer jemanden, mit dem ich mich unterhalten kann."
(Frau Klein, 63 J., Rentnerin)

„Ich kenne den Hof der Familie Walter. Ich weiß, wo das Gemüße wächst und wie es behandelt wird. Alle Waren sind frisch geerntet, der Geschmack, vor allem von Gurken und Tomaten, ist unübertroffen."
(Frau Freitag, 35 J., Hausfrau, 3 Kinder)

„Ich informiere mich schon morgens in der Tageszeitung über Sonderangebote und richte meinen Speiseplan danach ein. Ich kaufe da, wo es am billigsten ist."
(Michael, 17 J., Auszubildende)

Rinder Rouladen
geschnitten 1 kg **12.90**

Rinderbraten
ohne Bein, vom Schlegel 1 kg **11.90**

Frische Hähnchenbrustfilet
1 kg **13.90**

Surbraten
vom Schwein, mild gepökelt 1 kg **7.90**

Aufgaben (am besten in Gruppen):

1. *Vergleicht die Preise für Milchprodukte im Supermarkt und im Einzelhandelsgeschäft.*
2. *Welche Vor- und Nachteile hat ein Einkauf einmal in der Woche/ein täglicher Einkauf?*
3. *Wie weit ist der Supermarkt von eurer Wohnung entfernt? Wann lohnt sich die Einkaufsfahrt mit dem Auto? (Denkt an Preise, Zeitverbrauch, Fahrkosten, Streß.)*
4. *Welche Vorteile hat ein Einkauf beim Einzelhändler um die Ecke?*
5. *Gemüse kann aus weit entfernten Ländern kommen. Wie wirkt sich der Transport auf das Gemüse und die Umwelt aus?*
6. *Erstellt einen Fragebogen für ein Interview, z. B.:*
   - *Warum kaufen Sie hier ein?*
   - *Wie oft kaufen Sie hier? usw.*

2. Im Supermarkt

Marco ist in Eile. Er will nur schnell ein Vanilleeis kaufen. Aber wo ist die Kühltruhe? Er geht durch den ganzen Laden. Immer wieder versperrt ihm ein Tisch mit Sonderangeboten den Weg. Endlich entdeckt er die Kühltruhe mit dem Eis. Bis er zur Kasse kommt, muß er durch den ganzen Supermarkt.

Beispiel für die Anordnung der Waren in einem Supermarkt:

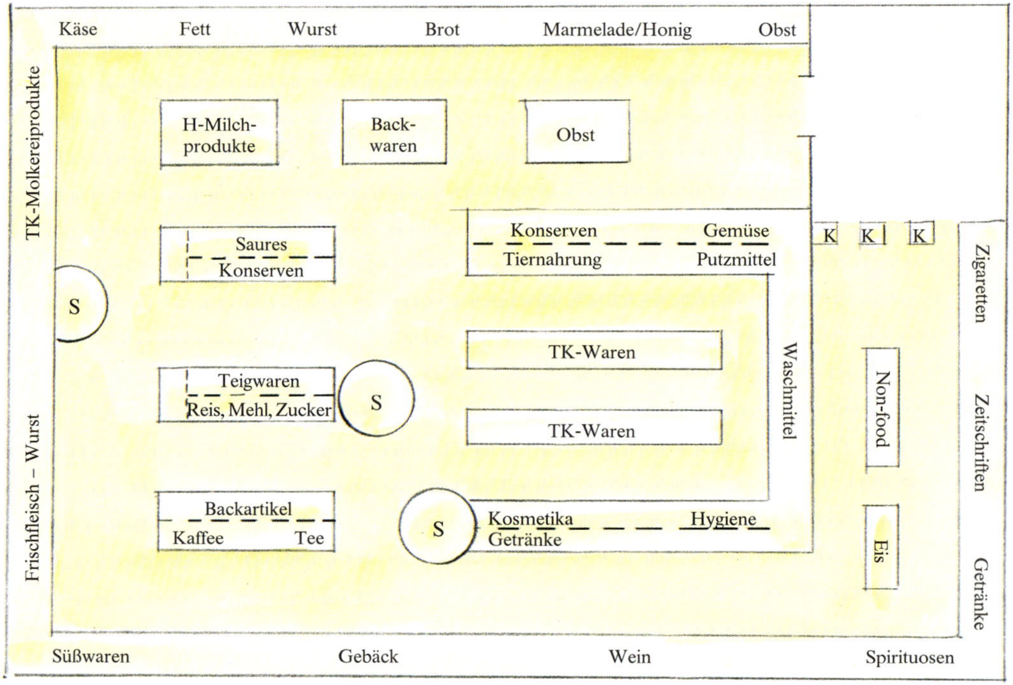

S = Sonderangebote; K = Kasse

Aufgaben:

1. An welchen Warengruppen muß Marco vorbeigehen, um
a) das Eis zu entnehmen,
b) an die Kasse zu kommen?

2. Wo befinden sich
a) die Waren des täglichen Bedarfs,
b) die Genußmittel?

3. Weshalb werden Süßwaren, Kaugummi und Zeitschriften meistens direkt vor der Kasse angeboten?

4. Vergleiche euren Supermarkt mit dem abgebildeten.

Im Supermarkt sind die Regale so angeordnet, daß der Käufer an möglichst vielen Waren vorbeikommt. Durch das vielfältige Angebot sollen Wünsche geweckt werden. Mancher Käufer nimmt so im Vorbeigehen vieles mit, was er eigentlich gar nicht kaufen wollte. Solche ungeplanten Einkäufe nennt man Spontan- oder Impulskäufe.

Kennst du die Tricks?

Spezialbeleuchtung läßt Obst, Gemüse, Fleisch und Wurst besonders frisch erscheinen.

Die Anordnung der Waren im Regal ist nicht zufällig: Teure Waren sind in Augenhöhe, Preiswertes, z.B. „Weiße Ware“, ist unten. Man muß sich bücken!

Sonderangebote
Tische mit Sonderangeboten werden als „Stopper“ aufgestellt.
Prüfe kritisch: Preis, Füllmenge, Mindesthaltbarkeitsdatum (MHD)*

Die meisten Menschen sind Rechtshänder. Der Rundgang durch den Supermarkt beginnt deshalb rechts, und auf dieser Seite stehen meist auch die gewinnbringendsten Waren.

* Zum Mindesthaltbarkeitsdatum (MHD) vgl. auch S. 40.

Waren, die frisch und deshalb häufig gekauft werden müssen, wie Fleisch oder Wurst, sind in der hintersten Ecke des Geschäfts.

Das Warten an der Kasse verleitet zu Mehrkäufen: Wer mag nicht gerne Süßes? Kinder werden an der Kasse ungeduldig und greifen quengelnd nach den verlockenden Angeboten.

Aufgaben:

1. *Stelle Regeln auf, wie du dich vor unüberlegten Käufen schützen kannst.*
2. *Überprüfe in den Geschäften in der Nähe, ob die Sonderangebote wirklich billiger sind. (Vergleiche Preise, Füllmengen, Haltbarkeitsdaten.)*
3. *In welchem Geschäft kaufst du am liebsten ein? Weshalb?*

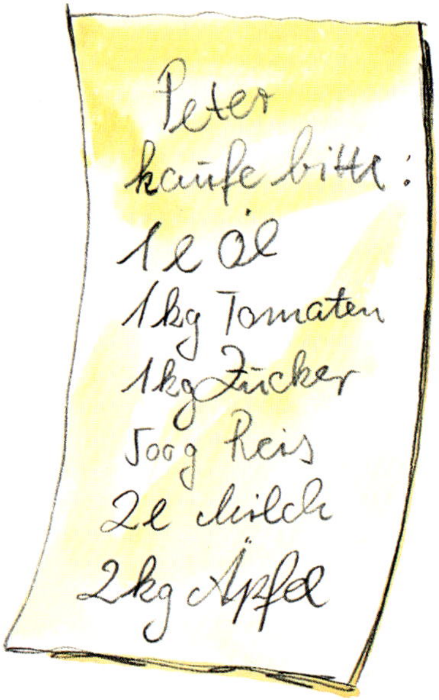

3. Was soll ich kaufen?

Seit Mutter wieder berufstätig ist, helfen alle Familienmitglieder im Haushalt mit. Vater putzt das Bad, die Toilette und die Treppe. Peter hat sich die kleinen Einkäufe ausgesucht, weil ihm das ganz einfach schien. Doch oft steht er ratlos vor den Regalen und weiß nicht, was er nehmen soll.

<table>
<tr><th>Das bietet der Händler an:</th><th>Das geht Peter durch den Kopf:</th></tr>
<tr><td>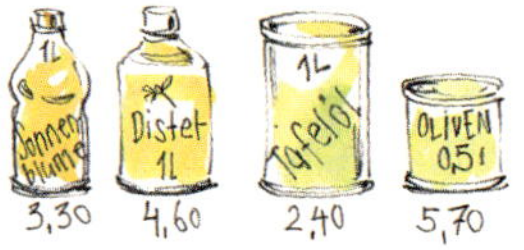
</td><td>Ist das Teuerste auch das Beste?
Reicht das Geld im Geldbeutel überhaupt für das teure Öl?</td></tr>
<tr><td>
</td><td>Schmecken sie so gut wie sie aussehen?
Welche sind am frischesten?
Was will Mutter daraus machen, Suppe oder Salat?</td></tr>
<tr><td>
</td><td>Ist das derselbe Zucker, nur in unterschiedlicher Verpackung?</td></tr>
<tr><td>
</td><td>Kochbeutelreis? Ist der aber schnell fertig und bequem zu handhaben!
Natur, das ist bestimmt gesünder!</td></tr>
<tr><td>
</td><td>Ich glaube, Mutter kauft immer die haltbare im Karton. Die ist auch leichter zu tragen.
Mir wäre die Flaschenmilch lieber.</td></tr>
<tr><td>
</td><td>Die sehen ja prächtig aus, viel größer als auf dem Wochenmarkt. Neuseeland, wo ist das bloß? Ob die frisch sind?</td></tr>
</table>

Es gibt verschiedene Gründe für die Auswahl der Lebensmittel, z. B. Preis, Verpackung, Eßgewohnheiten, verfügbare Zeit zum Kochen, das Angebot des Händlers usw.

Aufgaben:

1. Welche Gründe für die Auswahl gehen Peter durch den Kopf?

2. Nenne weitere Gründe, die bei der Kaufentscheidung eine Rolle spielen.

3. Kannst du Peter beraten?

4. Vergleicht die Angebote verschiedener Geschäfte (z.B. Milchprodukte).

4. Einkaufen mit Köpfchen

Richtiges Einkaufen ist eine Kunst. Umfassende Kenntnisse und viel Erfahrung sind notwendig, um die geeigneten Lebensmittel auszuwählen und die richtige Menge zu treffen. Zu viel eingekaufte Ware braucht unnötig viel Lagerplatz oder verdirbt gar, zu wenig Ware zwingt zu wiederholten Einkäufen.

Ist Qualität meßbar?
Die Beurteilung der Qualität eines Nahrungsmittels ist am schwierigsten. Folgende Gesichtspunkte können dir bei der Entscheidung helfen:

Genußwert
Aussehen
Geruch
Konsistenz (hart – weich)
Geschmack

Gesundheitswert
Frische
Bekömmlichkeit
Nährstoffgehalt
Grad der Verarbeitung
Zusatzstoffe

Eignungswert
Verwendungszweck (Wofür?)
Haltbarkeit
Zeitbedarf bei der Verarbeitung

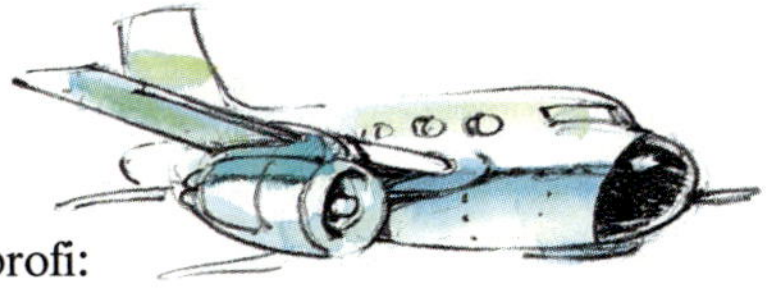

Umweltverträglichkeit = ökologischer Wert
Umwelt- und menschenfreundliche Herstellung:
Verpackung
Transportwege
Art des Anbaus und der Tierhaltung

So wirst du zum Einkaufsprofi:

1. Planen:	Was brauche ich? Wieviel? Wozu? ⟶ Einkaufsliste
2. Sich informieren:	Angebote vergleichen, Kenntnisse erwerben
3. Entscheiden:	Abwägen, was für dich wichtig ist
4. Bewerten:	War die Entscheidung richtig?
5. Verbessern:	Z. B. zukünftig ein anderes Produkt kaufen

Darauf achten Verbraucher beim Kauf:
(Ergebnis einer Umfrage)

Qualität	21%
Hersteller	18%
Preis	16%
Bewährtes Produkt	14%
Werbung	11%
Testergebnisse	10%

Tips:
- Geh nicht hungrig einkaufen und
- nicht erst kurz vor Ladenschluß.
- Achte schon beim Einkauf darauf, daß du möglichst wenig Verpackungsmüll erzeugst.
- Nimm eine Tasche oder einen Korb mit.

Aufgaben:
1. *Stelle Regeln für den Einkauf auf.*
2. *Die HTW-Gruppe lädt die „Fünfer" zum Essen ein. Es soll Pizza geben.*
   a) Sucht ein geeignetes Rezept.
   b) Stellt die Zutaten zusammen (Saison beachten).
   c) Schreibt eine Einkaufsliste. Gruppiert dabei die Lebensmittel nach Geschäften.
3. *Du willst Apfelmus zubereiten. Welche Äpfel kaufst du?*
4. *Nenne Früchte aus fernen Ländern, die im Januar bei uns angeboten werden.*

Lebensmittelrecht und Verbraucherschutz

1. Was steht auf dem Etikett?

„Diplomatensalat" ist ein Phantasiename. Damit der Käufer weiß, was in der Packung ist, müssen Lebensmittel in Fertigpackungen gekennzeichnet sein.

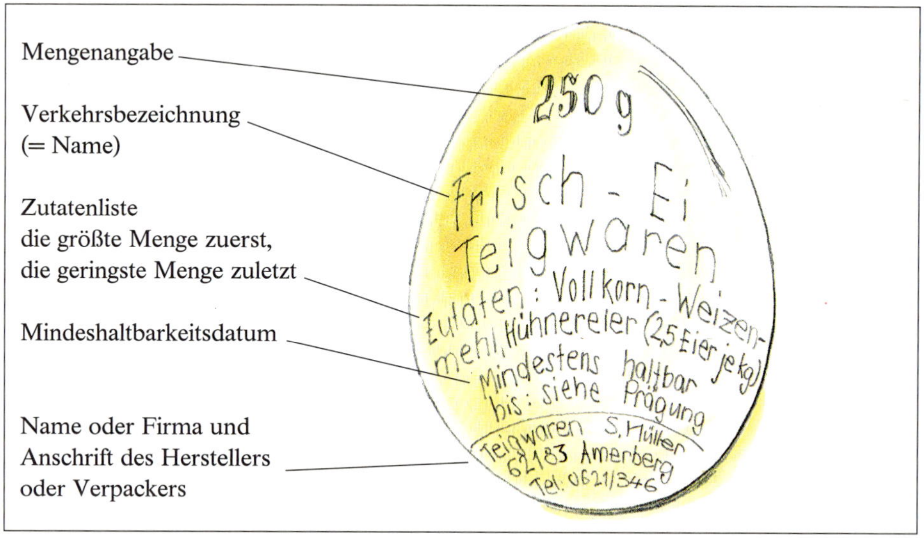

Diese fünf Angaben müssen deutlich sichtbar auf der Packung stehen:

Was	= Zutaten
Woher	= Firma
Wieviel	= Menge
Wie lange	= Mindesthaltbarkeit
Wie die Ware heißt	= Name (= Inhalt)

Nicht auf der Verpackung stehen müssen:
- der Energie- und Nährstoffgehalt,
- der Preis.
  Wenn er nicht auf der Verpackung steht, muß er am Verkaufsregal angebracht sein.

Der Strichcode:

4 017100 810008

Er enthält in verschlüsselter Form Angaben über Herkunftsland, Hersteller und Art der Ware. Moderne Kassen können den Code lesen und damit z. B. den Preis ausdrucken.

Mindesthaltbarkeitsdatum und Verbrauchsdatum: Wo liegt der Unterschied

Das Haltbarkeitsdatum ist kein Verfallsdatum! Es gibt den Zeitpunkt an, bis zu dem der Hersteller die typischen Eigenschaften der Ware wie Geschmack, Farbe und Geruch garantiert. Auch danach ist sie nicht verdorben, sollte aber bald verbraucht werden. Das Mindesthaltbarkeitsdatum gilt nur für ungeöffnete Verpackungen! Nach Anbruch sollte die Ware verbraucht werden.

Das Verbrauchsdatum gilt für besonders empfindliche, sehr leicht verderbliche Lebensmittel wie Hackfleisch, Fisch oder Kartoffelsalat. „Verbrauchen bis spätestens …" ist die „letzte Frist".

Aufgabe:

Nicht alle Lebensmittel müssen so gekennzeichnet sein.

Stelle im Geschäft fest, welche Waren davon ausgenommen sind.

2. Handelsklassen, Gütesiegel, Markenzeichen – Hilfen für den Verbraucher?

Obst und Gemüse werden in „Handelsklassen" angeboten.

Extra	**Klasse I**	**Klasse II**	**Klasse III**
auserlesene Ware, Spitzenqualität, keine Mängel, vorgeschriebene Mindestgrößen, in Form und Farbe fehlerlos und sortentypisch.	hochwertige Ware, gute Qualität, leichteste Fehler zulässig, vollkommen gesundes Fruchtfleisch, Produkte dürfen etwas kleiner sein.	gute Ware, marktfähige Qualität, kleine Fehler in Form und Farbe, bei Obst festgelegte Fruchtgrößen, Handelswert darf nur unwesentlich gemindert sein.	Haushalts-/Industrieware, Fehler in größerem Umfang zulässig, unterschiedliche Produktgrößen.

Tip:
Augen auf bei abgepackter Ware!
- Unter der Folie kann der Zustand der Ware nur schlecht geprüft werden (Aussehen, Geruch).
- Getönte Folien täuschen Frische vor (z.B. grüne Äpfel unter grüner Folie).
- Angefaulte Ware liegt oft unter frischer.
- Bei Stückpreis werden kleinere Früchte zu größeren gepackt.

Die Handelsklassen geben keine Auskunft über Geschmack, Nähr- und Wirkstoffgehalt, Haltbarkeit oder die Anwendung von Spritzmitteln bei Erzeugung und Lagerung. Viele Käufer orientieren sich daher auch an Gütesiegeln oder Markenzeichen, die auf den Packungen angebracht sind.

Was sagen diese Aufschriften aus?

Konventioneller und integrierter Anbau	Ökologischer (biologischer) Anbau
Centrale Marketinggesellschaft der Agrarwirtschaft	
Anbau: Bei Bedarf werden chemische Dünge- und Spritzmittel verwendet.	Anbau: Chemische Dünge- und Spritzmittel dürfen nicht verwendet werden.

Aufgabe:
Welche Eigenschaften der Äpfel werden bei der Einteilung in Handelsklassen bewertet?

Haltungsformen:

- **Käfig- und Bodenhaltung**
  Wenn auf der Verpackung keine Angaben über die Art der Hühnerhaltung gemacht werden, stammen die Eier aus Käfighaltung (90% aller Eier).
  Drei bis fünf Hennen werden in einem engen Drahtkäfig gehalten. Sie können sich kaum bewegen. Scharren, Sandbaden und Nestbau sind nicht möglich.
  Künstliches Licht ersetzt das Tageslicht. Um die Ausbreitung von Krankheiten zu verhindern, müssen Tierarzneimittel eingesetzt werden.
  Bei der Bodenhaltung leben die Tiere zusammengedrängt in großen Hallen.

- **Auslauf- oder Freilandhaltung**
  Die Tiere leben natürlich (artgerecht). Sie können im Freien herumlaufen, picken, scharren usw. Sie bleiben gesund.
  Tierfreunde bezahlen dafür gerne einen höheren Preis.

Gewichtsklassen

	Gewicht des einzelnen Eies in g
1	70 und darüber
2	65 bis unter 70
3	60 bis unter 65
4	55 bis unter 60
5	50 bis unter 55
6	45 bis unter 50
7	unter 45

Aufgaben:

1. Welche Angaben stehen auf der Eierpackung?

2. Teste die Frische von Eiern, indem du sie ins Wasser legst.

3. Rund ums Ei

Eier unterscheiden sich nicht nur äußerlich in Größe und Farbe, sondern auch in Frische, Geschmack und Herkunft.

Die Farbe der Schale hat für die Qualität keine Bedeutung. Sie hängt von der Hühnerrasse ab. Die Farbe des Eidotters wird durch das Futter bestimmt, ebenso die Schalendicke und der Geschmack des Eies.

Ab dem 18. Tag nach dem Legen müssen die Eier gekühlt werden. Für rohe Eierspeisen, z.B. Cremes, sind solche Eier nicht mehr geeignet. Sie müssen zum Verzehr „durcherhitzt“ (d.h. gebacken oder gekocht) werden.

Frischetest – Woran erkennst du frische Eier?

Die Luftkammer ist klein. Das Eigelb ist in der Mitte des Eies. Das Eiklar ist dickflüssig und deutlich in zwei Bereiche getrennt (Abbildung).

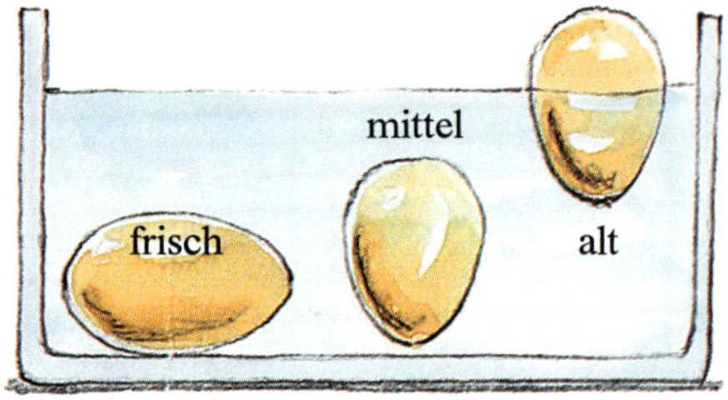

4. Speisen selbst zubereiten oder vorgefertigt kaufen?

Vorgefertigte Nahrungsmittel

Die Nahrungsmittelindustrie bietet eine Vielzahl vorgefertigter Nahrungsmittel an. Die Arbeit, die bis zur Fertigstellung der Mahlzeit geleistet werden muß, ist unterschiedlich groß.

teil- oder halbfertig			verzehrfertig
küchenfertig	aufbereitfertig	garfertig	
Putzen entfällt	Zugabe von Flüssigkeit, Kräutern oder anderen Zutaten noch notwendig	koch-, back-, brat-, fritierfertig	die Packung öffnen und servieren
z. B.: Salat Fisch Gemüse	z. B.: Backmischungen Kartoffelbrei Suppen	z. B.: Pommes frites Pizza Ravioli	z. B.: Kartoffelsalat Rote Grütze Fisch in Dosen

Bei Mutter gibt es heute: Kartoffelbrei, Gemüse mit frischen Kräutern, Naturschnitzel, Obst.

Kartoffelbrei	
750 g Kartoffeln	als Pellkartoffeln oder Salzkartoffeln garen, heiß durchdrücken
1/4 l Milch	erhitzen, nach Bedarf zugeben, schaumig schlagen
Salz, Muskat,	würzen
1 Ei, wasserhaltiges Fett	unterrühren

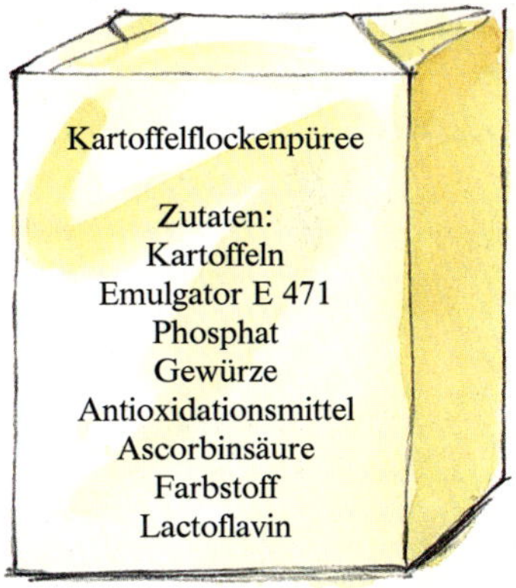

Aufgaben:

1. *Diskutiert die Vor- und Nachteile vorgefertigter Nahrungsmittel?*
2. *Welche vorgefertigten Nahrungsmittel kennst du?*
3. *Bereite Kartoffelbrei zu*
   a) nach Mutters Rezept,
   b) aus der Fertigpackung.
   Vergleiche Preis, Geschmack, Zeitaufwand und Abfall.
3. *Ein Drittel aller Bundesbürger ernährt sich von Tiefkühlkost, Snacks und Fast Food. Hast du eine Erklärung dafür?*

Ein Ernährungswissenschaftler schreibt:
Da ein immer größerer Anteil unserer Nahrung industriell vorgekaut und vorverdaut wird, schränkt der Körper seine eigene Verdauungsarbeit ein. Ist diese Entlastung nicht eine Belastung? Schließlich hat der Mensch über Jahrmillionen nur Rohkost verzehrt.

Wir vergleichen Nahrungsmittel: Naturbelassen - künstlich

Halbfertig- und Fertigprodukte können sehr unterschiedlich bearbeitet sein. Das Angebot reicht von verhältnismäßig naturbelassenen Lebensmitteln, wie Tiefkühlgemüse, bis zu künstlich komponierten Nahrungsmitteln wie „Sojaschnitzel".

Während Tiefkühlgemüse mehr Vitamine enthalten kann als auf dem Markt erhältliche Ware, müssen andere Fertiggerichte oft künstlich mit Vitaminen angereichert werden. Durch die Verarbeitung verändern sich auch Geschmack, Geruch, Farbe und Konsistenz. Damit solche Nahrungsmittel dennoch wie gewohnt aussehen und schmecken, gibt man Zusatzstoffe dazu.

Vitamine und Mineralstoffe, damit keine Mangelkrankheiten auftreten, und zur Werbung

Konservierungsstoffe zur Verlängerung der Haltbarkeit

Farbstoffe, damit das Essen appetitlich aussieht

Geschmacksverstärker, Salz und Aromastoffe, um den gewohnten Geschmack zu erzeugen

Teste selbst!

Um dir ein Urteil über die verschiedenen Halbfertig- und Fertigprodukte bilden zu können, mußt du die Speisen selbst ausprobieren. Am leichtesten geht das zu zweit.
(Geeignete Produkte: Cremespeisen, Kuchen, Pizza, Fleischküchlein)
Übertrage die folgende Tabelle in dein Heft und halte die Ergebnisse darin fest.

Name der Speise	Zutaten	Zeitaufwand	Aussehen	Geschmack	Müll/Abfall	Preis
selbst hergestellt:						
Halbfertigware:						
Fertigware:						

Aufgaben:

1. *Informiere dich über das Angebot an Halbfertig- und Fertiggerichten.*
2. *Welche Fertigprodukte könntest du bei regelmäßiger Verwendung empfehlen?*
3. *In welchen Haushaltssituationen ist es sinnvoll, hin und wieder Fertigprodukte einzusetzen?*
4. *Stelle zwei Mahlzeiten zusammen, indem du Selbstgefertigtes mit geeigneten Fertigprodukten kombinierst.*

5. Erfolgreich reklamieren

Du hast eingekauft. Zu Hause bemerkst du: Die Gurke ist schimmelig, der Orangensaft schmeckt angegoren, das Mindesthaltbarkeitsdatum auf dem Boden der Quarkspeise ist schon zwei Wochen überschritten. Kannst du die Lebensmittel zurückgeben?
Wenn du den Kassenzettel noch hast, gibt es drei Möglichkeiten:

1. Umtausch

2. Preisnachlaß
z. B. wenn das MHD überschritten ist

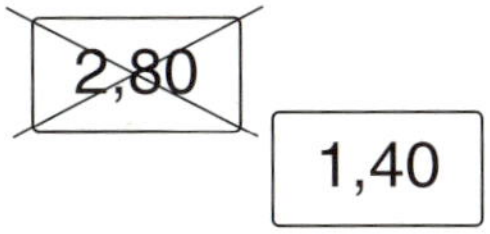

3. Geld zurück

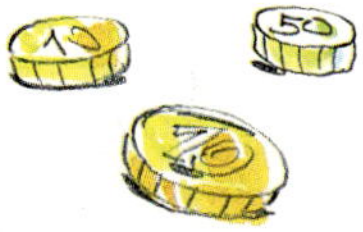

Solltest du trotz einer begründeten Beanstandung (Reklamation) Probleme bekommen, kannst du dich an den Geschäftsführer wenden. Er hat dafür zu sorgen, daß die Vorschriften des Lebensmittelrechts eingehalten werden.

6. Das Lebensmittelrecht

Diese Bestimmungen schützen den Verbraucher:

Lebensmittel- und Bedarfsgegenstände-Gesetz schützt die Verbraucher vor Gesundheitsgefahren und vor Täuschung
Lebensmittelkennzeichnungs-Verordnung schreibt die Kennzeichnung der Waren vor (vgl. S. 42–44)
Preisauszeichnungs-Verordnung schreibt Preisangaben vor und sichert die Möglichkeit für Preisvergleiche

Der Wirtschaftskontrolldienst (WKD) führt regelmäßig Kontrollen bei Herstellern und Händlern durch. Dabei wird z.B. überprüft, ob
- die Waren hygienisch hergestellt
- sachgerecht gelagert
- vorschriftsmäßig gekühlt wurden.

Bei schwerwiegenden Beanstandungen müssen die Waren vom Markt genommen und manchmal auch Betriebe geschlossen werden.

Mäuseknöchelchen und Ungeziefer im Brot gefunden
Chemische Landesuntersuchungsanstalt Stuttgart. Die Hygienevorschriften werden in manchen Betrieben unzureichend eingehalten.

Mindesthaltbarkeitsdatum (MHD) geändert
Stuttgart – In diesen Tagen geriet ein Stuttgarter Tiefkühlkost-Unternehmen in die Schlagzeilen, weil es angeblich verdorbene Ware an seine Kundschaft weitergeleitet hat. Das Mindesthaltbarkeitsdatum sei auf den Packungen verändert worden. Nun ermittelt der Staatsanwalt.

Gesundheitsvorsorge durch Umweltschutz

Haushalten in Verantwortung vor Mensch und Natur

Umwelt umfaßt alles, was uns umgibt: Luft, Wasser, Boden, Pflanzen, Tiere und die Mitmenschen; die Wohnung, in der wir leben, die Nahrung, die wir essen, das Wasser, das wir trinken, und vieles mehr.

Wie sehr wir durch unser Wirtschaften, Konsumieren und Verschwenden auf die Umwelt einwirken und dadurch das Leben gefährden, erfahren wir oft erst aus Schreckensmeldungen über belastete Lebensmittel, Giftstoffe in Putz- und Holzschutzmitteln, über die Zunahme von Allergien und Atemwegserkrankungen, über sauren Regen, sterbende Wälder und aussterbende Tier- und Pflanzenarten.

Umweltbewußtes Verhalten im Haushalt kann helfen, Gefahren für unsere Gesundheit wie für die Umwelt zu verringern und die Lebensqualität zu verbessern.

Aufgabe:

Welche Probleme entstehen für die Umwelt, wenn viele Menschen auf engem Raum nebeneinander leben?

1. Wasser verwenden, nicht verschwenden

Wasser ist unser kostbarstes Lebensmittel. Zwei bis drei Liter Trinkwasser brauchen wir täglich. Aber wir verbrauchen ca. 140 Liter! Wofür?

Vier-Personen-Haushalt

Quelle: Trinkwasser für Baden-Württemberg, hrsg. v. Verband der Gas- und Wasserwerke BW e.V., S. 20.

Sauberes Wasser ist kostbar!
Wir betrachten es als etwas ganz Selbstverständliches, daß sauberes Wasser aus dem Wasserhahn fließt, sobald wir ihn öffnen. Dabei vergessen wir, daß immer aufwendigere Verfahren mit höheren Kosten nötig werden, um unseren Trinkwasserbedarf zu decken. Denn Industrie, Verkehr und Landwirtschaft, aber auch die Haushalte belasten das Wasser mit Schadstoffen. Quellwasser ist heute schon so rar geworden, daß viele Gemeinden Trinkwasser aus weit entfernten Grundwasservorräten oder Seen (z.B. Bodensee) herantransportieren müssen.

Rätsel:
Wofür wird so viel Wasser verbraucht?
Tip: Du verwendest es täglich in der Schule.

Lösung: für die Herstellung eines Schulheftes (150 Liter)

Aufgaben:

1. *Wieviel Wasser verbraucht ein Vier-Personen-Haushalt durchschnittlich pro Tag?*
2. *Woher kommt das Trinkwasser in deiner Gemeinde?*
3. *Was kostet 1 m^3?*
4. *Errechne eure Wasserkosten für einen Monat.*
5. *Wie kannst du sinnvoll Wasser sparen?*

2. Mit Reinigungsmitteln sparsam umgehen

Das Problem:
In einem durchschnittlichen 4-Personen-Haushalt werden jährlich rund 250,– DM für Wasch- und Reinigungsmittel aufgewendet. Das bedeutet, daß in jedem dieser Haushalte etwa 2 Zentner chemischer Stoffe verbraucht werden, die unsere Abwässer belasten und teilweise mit hohem technischen Aufwand wieder herausgefiltert werden müssen. Gerade Reinigungsmittel belasten die Umwelt oft schwer.

Im Haushalt fallen täglich Reinigungsarbeiten an. Intensives Scheuern ist zeitaufwendig und anstrengend.
Wer greift da nicht gern zu einem Mittel, für das die Werbung Glanz und Hygiene ohne Mühe verspricht?

Frau Thalmann:	Sylvia:
„Das war ja ganz schön teuer heute. Aber für einen ordentlichen Frühjahrsputz braucht man eben fast ein Dutzend verschiedener Putzmittel. Schließlich will ich mich nicht so abplagen müssen.“	„Da bin ich vorsichtiger. Wer weiß, was in diesen Mitteln alles drin ist! Im neuen „Müll-Berater“ steht, daß Putzmittelreste in den Sondermüll gehören. Und in der Zeitung kommt immer wieder, wie umweltschädlich solche Mittel sind. Wir können doch nicht dauernd die Kläranlage erweitern.“

Reinigungsmittel – eine Belastung für die Umwelt

Inhaltsstoffe der Reinigungsmittel	**Wirkung**	**Wasserbelastung**
Tenside	lösen Fett	gefährden die Gesundheit der Fische
Phosphate oder Ersatzstoffe	enthärten das Wasser, verhindern Kalkstein	verbrauchen Sauerstoff überdüngen die Gewässer → Algen, zu starker Pflanzenwuchs
Chlor Salmiak Alkohol	bleichen und töten Bakterien	schädigen Wasserpflanzen und Fische
Duft- und Farbstoffe	werben und fördern den Verkauf	stören die Orientierung der Wirbeltiere

Aufgaben:

1. Erkundet in Geschäften, für welche Zwecke Reinigungsmittel angeboten werden.

2. Bringt von zu Hause Reinigungsmittel in die Schule mit. Ordnet sie nach ihrem Verwendungszweck.

3. Nehmt zu den Meinungen von Sylvia und Frau Thalmann Stellung.

4. Kontrolliert, welche der hier aufgeführten Inhaltsstoffe in den mitgebrachten Reinigungsmitteln sind.

Reinigungsmittel – eine Gefahr für unsere Gesundheit?

Giftgase aus der Toilette

NEW YORK – Tödliche Folgen hatte die Vergiftung eines 13- und eines 15jährigen Mädchens durch Chlorgase, die aus der Toilette einer Yacht entwichen und in dem kleinen Raum nicht abziehen konnten.

Reinigungsmittel können Hautreizungen und Ausschläge verursachen. Durch Reinigungsmittel erleiden in Deutschland jährlich bis zu 1500 Kinder Verätzungen der Speiseröhre und des Magens. Ebensoviele Menschen vergiften sich durch das Einatmen von Chlordämpfen: Diese können entstehen, wenn verschiedene WC-Reiniger gleichzeitig verwendet werden.

Wichtig:
- Gebrauchsanweisungen sorgfältig durchlesen und befolgen!
- Nach Gebrauch: Räume gut lüften!

Weniger ist mehr

Auch umweltschonend wird alles sauber

- Für Küche und Bad genügen Spülmittel, Schmierseife und Scheuerpulver.
- Kalkränder in Töpfen, auf Fliesen, in der Badewanne oder im WC verschwinden mit Essig.
- Fenster werden mit Spülmittel und einem Schuß Spiritus wieder klar.
- Verstopfte Abflüsse öffnet eine Saugglocke.

Das gute Reinigungsmittel

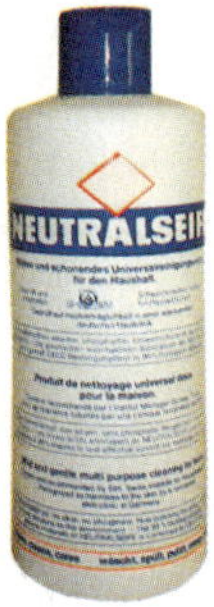

schont die Umwelt

erhält die Gesundheit

pflegt die Gebrauchsgegenstände

Aufgaben:

1. *Suche in den Geschäften nach sanften Reinigungsmitteln.*
2. *Welche Reinigungsmittel und Geräte brauchst du zum Küchenputz?*

3. Kaufen – verbrauchen – wegwerfen?

Täglich ein Kilo Müll
Welche riesigen Müllmengen im Laufe eines Jahres zusammenkommen, wird dir erst so richtig bewußt, wenn du eine Mülldeponie besuchst: 300 bis 400 kg im Jahr, das ist etwa ein Kilo täglich, trägt jeder von uns bei. Insgesamt sind das 30 Millionen Tonnen Hausmüll. Ein Drittel davon sind Verpackungen.

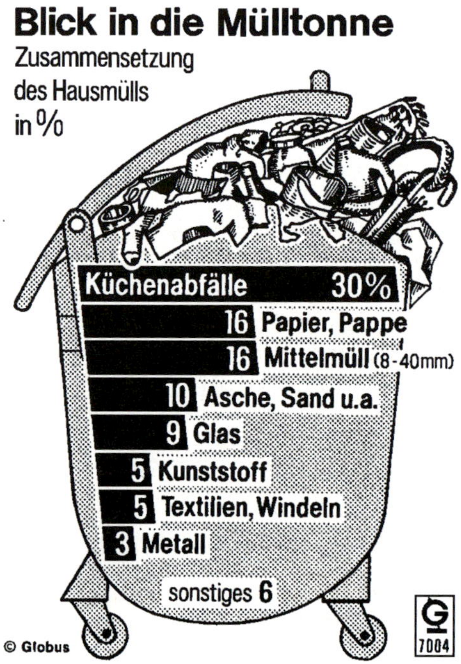

vorher

nachher

Aufgabe:
Eine vierköpfige Familie kauft monatlich für 800 DM Lebensmittel ein. Wieviel bezahlt sie für die Verpackung?

Die Kosten:
Bei einem Lebensmitteleinkauf im Wert von 100 DM entfallen 6 bis 10 DM auf die Verpackung. Einkauf für den Müll?

Wohin mit dem Müll?

Früher warf man alles, was im Haushalt abfiel, in den Mülleimer. Um die Müllberge zu verringern, versuchen wir heute, den Müll vernünftig zu trennen.

Kompostieren von Biomüll oder Biotonne
Obst und Gemüsereste, Eierschalen, Kaffeesatz, Reste aus Teesieben, verwelkte Blumen, Laub, Gras- und Heckenschnitt.
Es entsteht wertvoller Humus.
→ Verringerung des Hausmülls um ca. 30%.

Wiederverwerten (Recycling)
Papier, Glas, Metalle und Textilien sind wertvolle Rohstoffe, zu schade zum Wegwerfen. Durch ihre Wiederverwertung kann zudem viel Energie gespart werden.
→ Verringerung des Hausmülls um ca. 40%.

Im „Gelben Sack" sammeln
Der „Grüne Punkt" kennzeichnet Einwegverpackungen!
Verpackungen aus Metall (z. B. Dosen, Verschlüsse, Folien), Kunststoff (z. B. Folien, Becher, Schaumstoffe) und Verbundmaterial (z. B. Milchkartons) werden im „Gelben Sack" gesammelt, in Sortieranlagen getrennt und künftig wiederverwertet werden. Dabei gibt es aber noch große Probleme.
Die Kosten für die Entsorgung trägt der Kunde. Sie sind im Verkaufspreis der Waren enthalten und betragen je nach Material zwei bis zwanzig Pfennig.

Als Sondermüll abgeben
Sondermüll ist Gefahrenmüll. Er wird in Sondermülldeponien gelagert oder in speziellen Verbrennungsanlagen verbrannt.
Dazu gehören: Medikamente, Batterien, Reste von Reinigungs-, Pflanzen- und Schädlingsbekämpfungsmitteln, Farben, Lacke, Lösungsmittel und Klebstoffe; Altöl und Spezialkleidung, z.B. aus Mikrofasern.

Was bleibt für die Mülltonne?
In die Mülltonne kommen alle übrigen Abfälle, z.B. verschmutzte Kunststoffe, Hygieneartikel, Babywindeln, Kehricht.

Müll mit doppelter Rückfahrkarte

Vergiftungsgefahr durch alte Müllkippen
BADEN-BADEN (lsw)
Die Zahl alter Müllkippen ist in den vergangenen Jahren von 35000 auf 54000 gestiegen. Das ist das Ergebnis einer Umfrage des Fernsehmagazins „Report" in den Umweltministerien der Länder, über die gestern abend berichtet wurde. Diese Altlasten, von denen Tausende aus Giftmüll bestünden, entwickelten sich zu einer ernsten Gefahr für Mensch und Umwelt. Die Zahl der alten Müllkippen werde in den nächsten Jahren auf mehrere 100000 Stück steigen. Viele Regionen der Bundesrepublik seien großflächig verseucht.

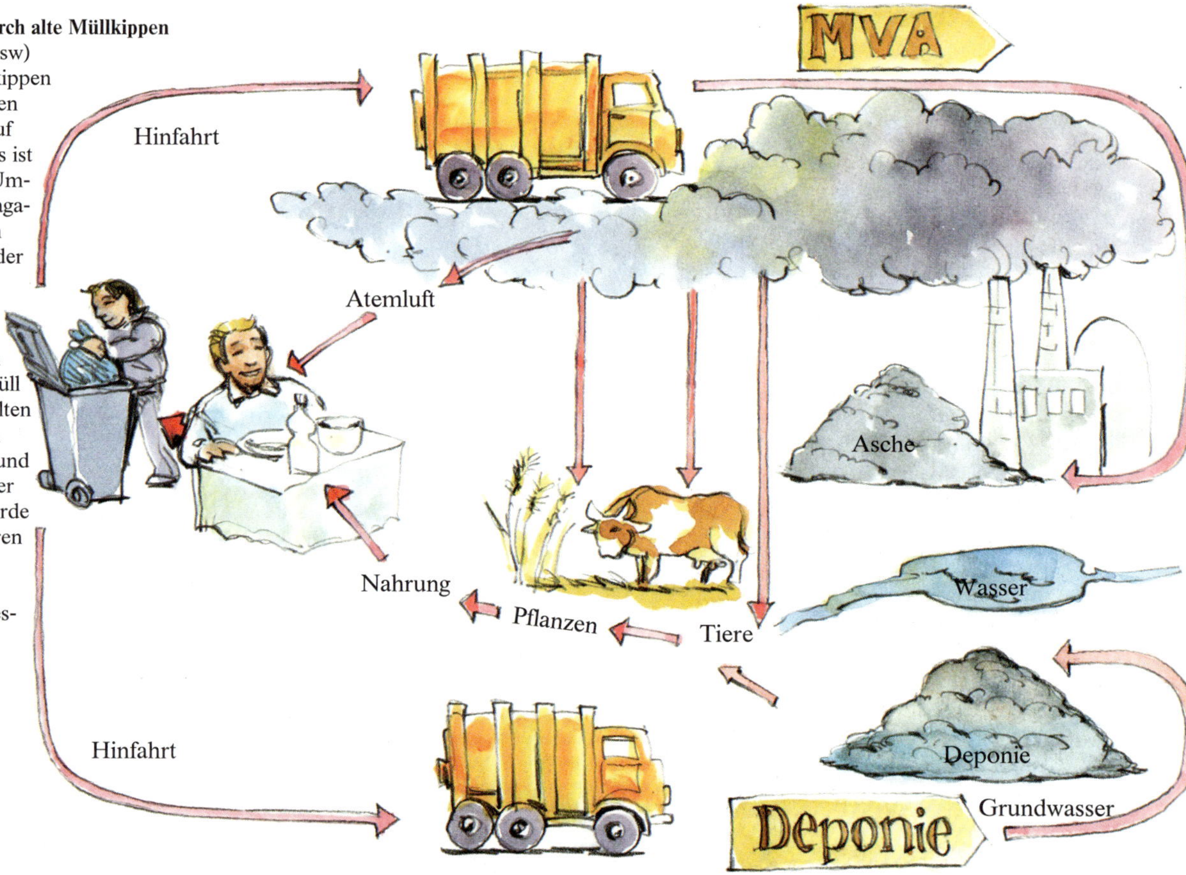

Der Müllkreislauf: Teure Mit-Gift an uns und unsere Umwelt
Müll läßt sich nicht beseitigen. Er wandert durch das ganze Land und kommt wieder zu uns zurück! Wir bezahlen die doppelte Rückfahrkarte mit unserer Gesundheit und der unserer Umwelt.
Trotz modernster Filteranlagen gelangen aus Müllverbrennungsanlagen (MVAs) Hunderte von Giftstoffen in die Luft. Mit Regen und Staub fallen sie auf die Erde und reichern sich im Boden an. Über die Atemluft und die Nahrung gelangen sie in alle Lebewesen.
Reine Luft, sauberes Wasser und gesunder Boden sind unersetzlich. Sie können nicht erneuert werden.

Aufgabe:
Beschreibe die „Rückfahrt" des Mülls.

Müll vermeiden

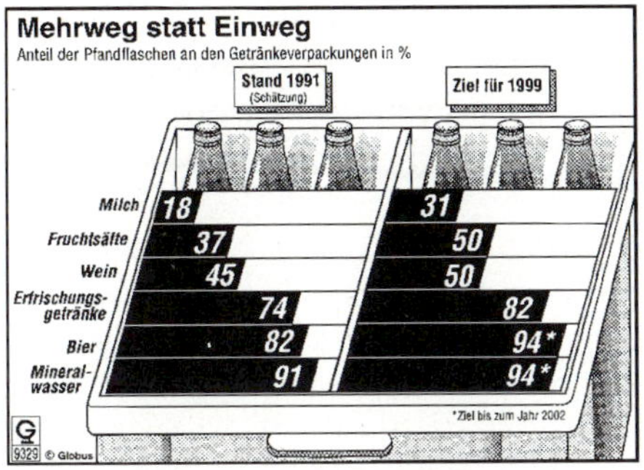

Eine Dose kann man nur einmal füllen, eine Flasche durchschnittlich 60mal.
Um Dosen herzustellen, braucht man wertvolle Rohstoffe, viel Energie und viel Wasser. Giftige Stoffe entweichen dabei und belasten die Umwelt.

- Kaufe Getränke in Pfandflaschen.

Grillfestgäste entsprechen bestimmt dem Wunsch:

„Bitte bringt Geschirr mit“
… denn Kunststoffe belasten die Umwelt ganz besonders.

KARLSRUHE – Grillfeste müssen nicht gleichzeitig auch Müllorgien sein. Schönes Wetter beschert nicht nur die Möglichkeit zu schönen Wanderungen und Grillfesten, sondern auch große Mengen an Wegwerfgeschirr und Getränkedosen. Diese Abfälle können mit geringem Aufwand vermieden werden, wenn Holz- oder Porzellanteller, Trinkgefäße aus Glas oder Keramik und Cromarganbesteck benutzt werden.

- Verzichte so oft wie möglich auf Lebensmittel, die in Plastikfolien verschweißt sind: Fleisch, Wurst und Käse werden fast überall auch offen angeboten.
- Kaufe kein in Folie verpacktes Obst. Äpfel und Orangen sind von Natur aus schon gut verpackt.
- Bevorzuge Artikel, für die es Nachfüllpackungen gibt.
- Verzichte auf Fertiggerichte. Verpackungen, die gleichzeitig als Serviergeschirr dienen, verursachen besonders viel Müll.

Abfall, der erst gar nicht entsteht, ist am umweltverträglichsten!

Aufgaben:

1. Nenne je fünf Lebensmittel in sinnvollen und in überflüssigen Verpackungen.

2. Überlege, was für Müll du gestern produziert hast. Welchen Müll kannst du in Zukunft vermeiden?

3. Fertige ein Poster mit Ratschlägen zur Müllvermeidung.

4. a) Eine Getränkefirma füllt 2100 l Limo in 0,3-l-Dosen ab. Wie viele Dosen braucht sie?

b) Eine andere Firma verwendet 0,7-l-Mehrwegflaschen. Jede Flasche wird 60mal wieder gefüllt. Wie viele Flaschen benötigt man?

Projekt: Produkte kommen auf den Markt

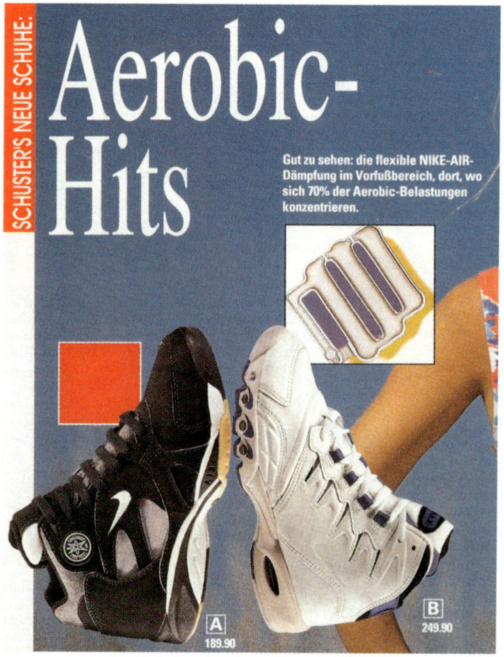

Jedes Jahr werden in den Geschäften Tausende neuer Produkte angeboten. Meist konkurrieren mehrere Firmen darum, möglichst viel zu verkaufen. Durch ungewöhnliche Aufmachungen, veränderte Geschmacksrichtungen, bequemere Handhabung wollen sie neue Bedürfnisse wecken und weitere Kunden werben. Damit sich die Produkte möglichst lange Zeit als Kassenschlager halten können, gehen umfangreiche Tests und Umfragen in verschiedenen Altersstufen der Bevölkerung voraus (Marktanalysen, Aufnehmen von Modetrends usw.).

Das interessiert z. B. den Hersteller von Nahrungsmitteln:

- Welche Eßgewohnheiten haben die Käufer?
- Welche Verkaufsmöglichkeiten ergeben sich durch den vermehrten Gebrauch moderner Küchengeräte wie Mikrowelle oder Tiefgefriertruhe?
- Welchen Einfluß haben die zunehmende Berufstätigkeit der Familienmitglieder und die steigende Zahl der Singlehaushalte?
- Wie hoch darf der Preis im Vergleich mit ähnlichen Produkten anderer Firmen sein?
- Wie wirkt sich die Verpackung auf das Kaufverhalten aus?
- Welche Auswirkungen hat das veränderte Umweltbewußtsein?
- Wie kann in den Medien (Zeitung, Fernsehen usw.) für die Produkte geworben werden?

Bei der Herstellung und beim Verkauf eines Produkts arbeiten viele Abteilungen eines Unternehmens und oft auch mehrere Unternehmen zusammen.

Im fächerverbindenden Projekt (mit Technik und Wirtschaftslehre) könnt ihr dieses Zusammenwirken praktisch erproben.

Aufgaben:

1. *Nenne Artikel, die in der letzten Zeit neu auf den Markt gekommen sind (Nahrungsmittel, Sport, Spielzeug, Küchengeräte).*
2. *Welches Interesse hat der Käufer an der Entwicklung neuer Produkte?*

1. Ein neues Produkt wird entwickelt

Marco zu Jasmin:
„Schokolade kaufe ich nicht mehr. Mein Zahnarzt hat schon wieder gebohrt. Er sagt, daß Schokolade an den Zähnen klebt und Karies fördert."

Aus einer Konferenz der Firma Müller-Süßwaren:
„Ich beobachte seit einiger Zeit, daß der Absatz an Schokolade stetig sinkt. Wir müssen etwas unternehmen."

Ein neues Schokoprodukt soll hergestellt werden.

Umfragen und Tests, z.B.:
Was gibt es schon?
Wer kauft es?
Was wird bevorzugt?
Welche Verpackung kommt an?
Welche Art der Werbung verspricht Erfolg?

Entscheidung
Entwicklung eines Musters (= Prototyp)
Namen?

Läßt sich das Produkt verkaufen?
Stimmen Preis und Verpackung?
Lohnt sich die Einführung?

endgültige Entscheidung
Verbesserungen

Idee → **Untersuchen der Marktsituation** → **Entwicklung eines Prototyps** → **Testen der Marktchancen** → **Herstellung** → **Auslieferung und Verkauf**

Andere Wirtschaftsunternehmen wirken mit:

- Untersuchen der Marktsituation: Marktforschungsinstitute
- Entwicklung eines Prototyps: Verpackungsbetriebe, Werbefirmen
- Testen der Marktchancen: ausgewählte Verkaufsstellen
- Herstellung: Zulieferer
- Auslieferung und Verkauf: Handel, Werbung

2. Verpackungen – Verpackungen – Verpackungen

„Für unser neues Produkt ‚Luftikuß‘ brauchen wir eine Verpackung. Folgende Gesichtspunkte sollen berücksichtigt werden:“

Schutz bei Transport und Lagerung	Schimmel Tiere Licht  Bakterien Wärme Sauerstoff
Information: • Kennzeichnung (Inhalt, Hersteller usw.) • Preis • Haltbarkeit (MHD) • Zubereitung	MHD 17/3/97 9 Stück (150 g) **Luftikuß** Zutaten: Kakao, Fett, Milch. Müller-Süßwaren
Werbung zur Absatzförderung	
Bequemlichkeit: Verkaufspackung als Serviergeschirr	

Aufgaben:

1. *Welche Ansprüche stellt der Käufer an die Verpackung?*
2. *Sammle Verpackungen und beurteile sie.*
   a) *Welche sind notwendig, welche überflüssig?*
   b) *Welche sind umweltbelastend und schwer zu entsorgen?*
3. *Welche Verpackungen täuschen einen größeren Inhalt vor?*
4. *Nenne Produkte, bei denen die Verpackung als Serviergeschirr dient!*

3. Werbung verführt – Werbung informiert

Welche Werbung
verspricht
den größten Erfolg?

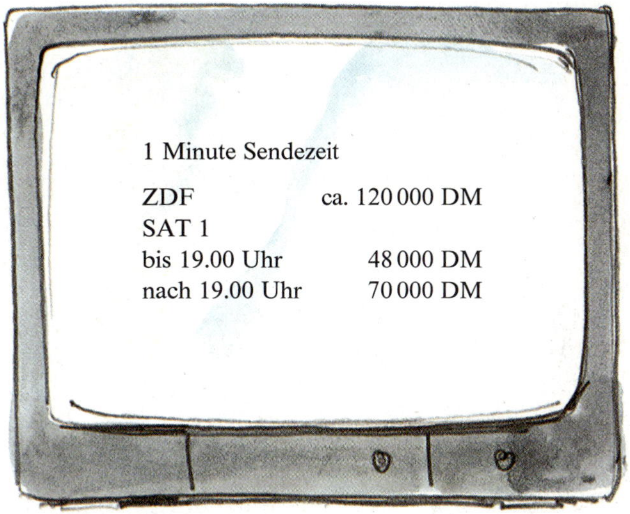

7. 10.
Info-Nachmittag
Schlank ohne Verzicht
Die neue Schoko-
Generation
von Müller-Süßwaren

Anruf genügt!
0711/3444866
Lieferung frei Haus durch
unseren Party-Service

Samstag, 6. Juli
Fa. Schoko-Müller
Großes Kinderfest
Spaß - Musik - Spiele
natürlich der neue
Luftikuß
Kostenlos für alle!

Werbung kostet Geld. Trotz der hohen Kosten begegnet uns Werbung auf Schritt und Tritt. Je nach Unternehmen werden verschiedene Werbemittel eingesetzt. Lohnt sich das?

Aufgaben:

1. *Wer bezahlt die Werbung?*
2. *Wie werben die Geschäfte in deiner Nähe für ihre Waren?*
3. *Hat der Kunde Vorteile durch die Werbung?*

4. Wir stellen gemeinsam ein Produkt her

überlegen

▷ Wir sammeln Ideen: Gebäck, Schmuck, Spielzeug, Mikadospiel, Memory, Puzzle, Freundschaftsbändchen, bemalte Tasche, Kartenspiel …

▷ Wir diskutieren die Vor- und Nachteile der verschiedenen Vorschläge, z.B. Zeitaufwand, Verkaufschancen, Spaß an der Herstellung … und entscheiden uns für einen Vorschlag.

sich informieren

▷ Wir untersuchen die Marktsituation, z.B. mit Hilfe eines Erkundungsbogens: Welche Produkte gibt es bereits? Zu welchen Preisen werden sie angeboten? …

planen

▷ Wir entwickeln zunächst mehrere Muster (z.B. verschiedene Formen, Größen, Materialien). Anschließend entscheiden wir uns für ein Muster (= Prototyp), das wir in kleiner Stückzahl herstellen.

Dazu bilden wir Arbeitsgruppen und

- entwerfen Modellzeichnungen,
- erstellen einen Arbeits- und Zeitplan,
- ermitteln den Materialbedarf,
- wählen einen Namen für das Produkt aus,
- probieren Verpackungsideen aus,
- finden Werbemöglichkeiten,
- …

entscheiden

7.20 DM?
8.40 DM?

▷ Wir testen die Marktchancen: Wird das Produkt gekauft? Stimmt der Preis? Gefällt die Verpackung? Kommt die Werbung an? …

Dazu bieten wir das Produkt z.B. auf einem Schulfest, einem Weihnachtsmarkt, zu Hause oder bei Verwandten an.

▷ Wir treffen unsere endgültige Entscheidung über die Produktion.

▷ Wir bereiten den Verkauf vor:

- Wir legen den Preis fest (Kostenberechung!).
- Wir erkunden rechtliche Vorschriften zum Verkauf von Produkten.
- Wir stellen Werbeplakate und Handzettel her und verbreiten sie.
- Wir nehmen Bestellungen auf.
- Wir organisieren Verkaufsmöglichkeiten.
- …

herstellen

▷ Wir stellen das Endprodukt her:

- Wir berechnen den Materialbedarf für die Gesamtproduktion und kaufen ein.
- Wir stellen die Arbeitsgeräte bereit und organisieren den Arbeitsraum.
- Wir erstellen einen Arbeits- und Zeitplan.
- …

▷ Wir liefern das Produkt aus und verkaufen es (Warenvorbestellung und freier Verkauf).

verkaufen

▷ Wir bewerten das Projekt:

bewerten

- Wir tauschen Erfahrungen aus.
- Wir vergleichen gekaufte und selbstgefertigte Produkte.
- Wir berechnen Gewinn oder Verlust.
- Wir zeigen Verbesserungsmöglichkeiten auf.

Marcos Klasse führt ein Projekt durch

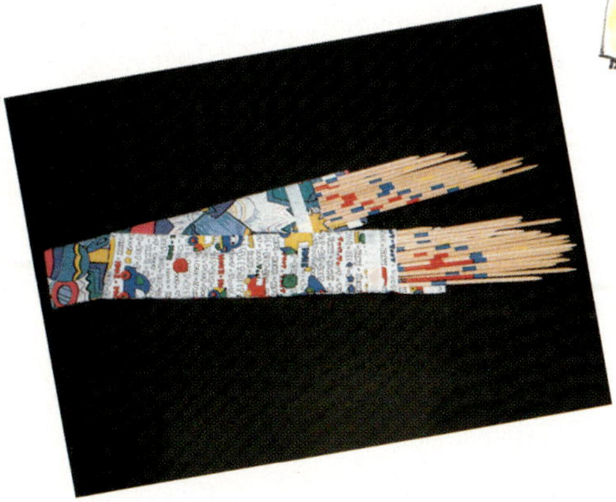

Aufgaben:

1. *Was für ein Produkt stellt Marcos Klasse her?*
2. *Welche Arbeitsschritte sind auf den Bildern gezeigt?*

5. Projektarbeit – Wie gehen wir vor?

Wir entscheiden uns gemeinsam für ein Produkt

Die Ideenwand

- ▷ Jeder schreibt einen oder mehrere Vorschläge auf Kärtchen:
  - ein Vorschlag je Karte
  - in Stichworten
  - groß und gut lesbar
- ▷ Alle Kärtchen werden auf eine Pinwand geheftet.
- ▷ Sie werden nach Themenbereichen geordnet, z.B.: Spielzeug, Kleidung, …
- ▷ Die Vor- und Nachteile jedes Themenbereiches werden diskutiert, z.B.:
  - Reichen unsere Fähigkeiten zur Herstellung des Produkts?
  - Lohnt sich die eigene Herstellung?
  - Reicht die zur Verfügung stehende Zeit?
- ▷ Das Produkt wird gewählt, z.B.:
  - durch Vergabe von Punkten
  - durch Abstimmen

Das Schneeballsystem

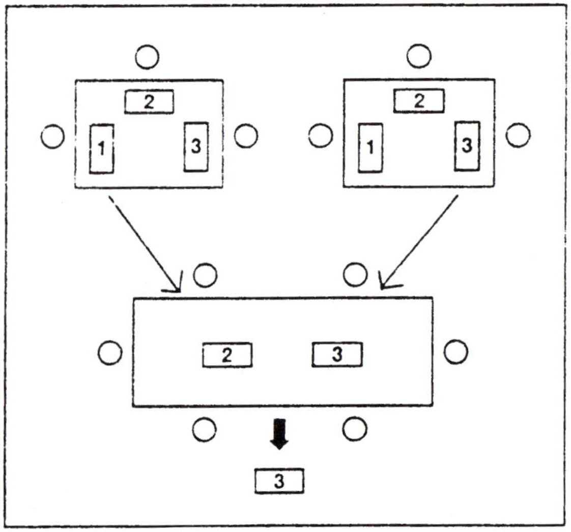

- ▷ Bildung von Gruppen (3–5 Schüler)
  - Jedes Gruppenmitglied macht einen Vorschlag.
  - Jede Gruppe wählt aus den Vorschlägen einen Vorschlag aus.
- ▷ Zwei Gruppen tun sich zusammen und einigen sich wiederum auf einen gemeinsamen Vorschlag.
- ▷ Am Ende bleibt ein Vorschlag übrig.

Bei einem guten Team laufen die Drähte heiß!

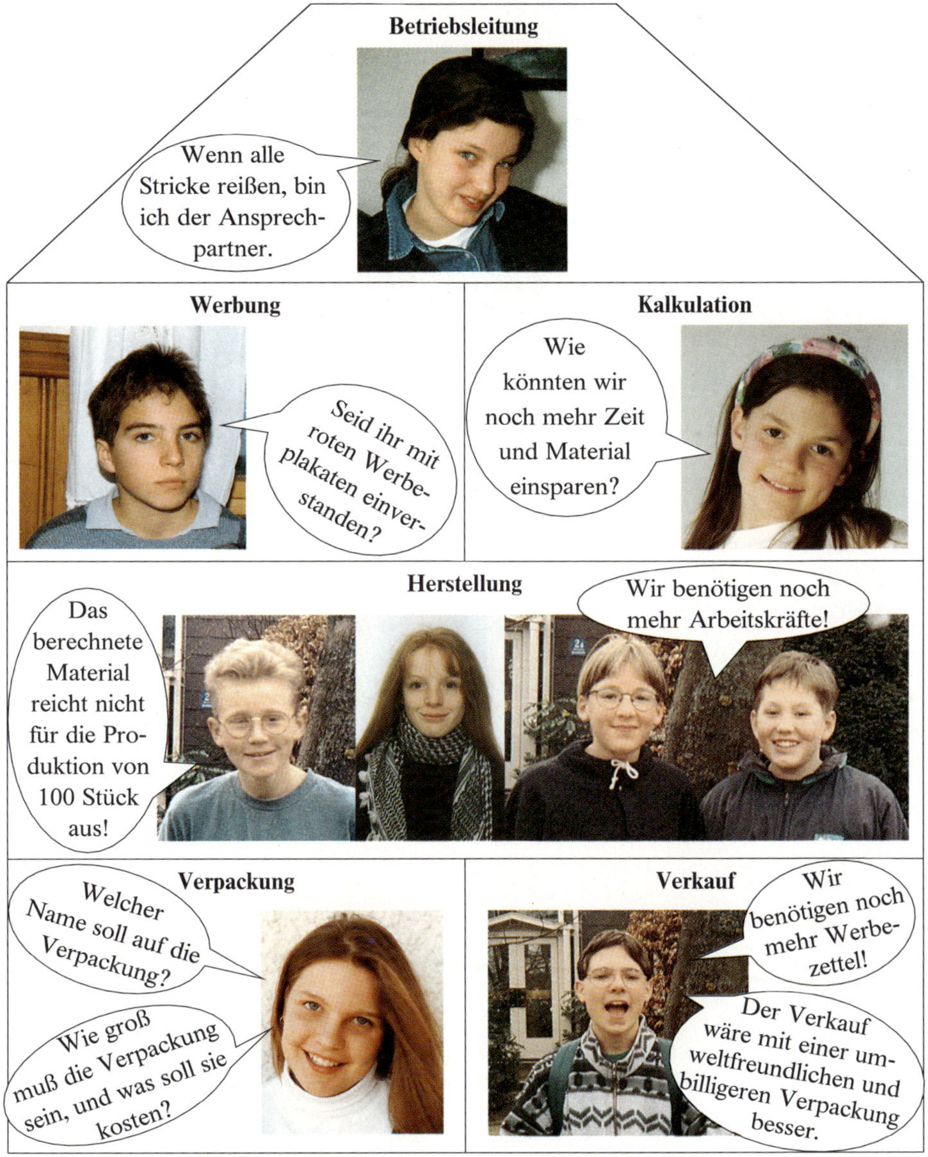

Die Entscheidung für ein Produkt ist gefallen. So wie in einem Betrieb mehrere Bereiche zusammenarbeiten, müssen auch in der Schule Arbeitsgruppen gebildet werden, die miteinander ständig im Kontakt sind. Teamgeist ist besonders wichtig, weil ein gemeinsames Ziel erreicht werden soll.

Aufgaben:

1. *Welche Abteilungen (Arbeitsgruppen) haben auf dieser Abbildung miteinander Kontakt?*
2. *Begründe, warum gegenseitige Information notwendig ist.*

Rückblick – sind wir mit unserem Projekt zufrieden?

Vorbereitung des Projekts:

- War die Vorbereitung gründlich genug?
- Reichten die Informationen aus?
- Bereitete die Beschaffung der notwendigen Materialien Probleme?

Ablauf des Projekts:

- War die Produktion gut organisiert?
- War der Arbeitsablauf rationell?
- Reichte die vorgeplante Zeit?
- Stimmte die Materialplanung (zuviel – zuwenig)?
- Waren die „Arbeitskräfte“ ihren Fähigkeiten entsprechend eingesetzt?

Zusammenarbeit im Projekt:

- Klappte die Zusammenarbeit reibungslos?
- Waren die Gruppen gleichmäßig ausgelastet?
- War die Aufgabenverteilung innerhalb der Gruppe ausgewogen?
- Herrschte ein gutes Arbeitsklima?

Ergebnisse des Projekts:

- Sind wir mit den Ergebnissen zufrieden?
- Hat uns die Arbeit Spaß gemacht?
- Konnten wir selbständig arbeiten?
- Konnten wir das Produkt gut verkaufen?
- Könnten wir an unserem Produkt noch etwas verbessern?
- Lohnte sich der Aufwand?

Aufgaben:

1. *Überprüft anhand dieser Fragen, wie euer Projekt von der Klasse eingeschätzt wird.*
2. *Erstellt einen Fragebogen, der gut auszuwerten ist.*

Wir beginnen zu nähen

1. Nähmaschinen – damals und heute

Bis zur Mitte des 18. Jahrhunderts nähten die Menschen noch alle mit der Hand. Wann die Nähnadel erfunden wurde, weiß niemand so genau. Sie soll älter als 2500 Jahre sein!
Dafür weiß man, wann und wie die Nähmaschine erfunden wurde. In den verschiedenen Ländern arbeiteten viele Erfinder und Tüftler gleichzeitig an einer Maschine, um die Handarbeit zu ersetzen.
Vor 200 Jahren ließ ein Engländer die erste Nähmaschine patentieren. Aber sie war umständlich zu bedienen und kein Verkaufserfolg. Am Anfang des 19. Jahrhunderts erfand der Wiener Schneider Madersperger eine Maschine, die mit Ober- und Unterfaden arbeitete.
1845 entwickelte der Amerikaner Elias Howe eine Nähmaschine, die brauchbar war. Natürlich nähen wir auch heute noch teilweise mit der Hand. Doch die meisten Näharbeiten erledigen wir mit der Nähmaschine.
Die heutigen Nähmaschinen sind elektrisch angetrieben, und manche gleichen Computern. Sie nähen nicht nur geradeaus und zickzack, man kann mit ihnen auch dehnbare Stoffe verbinden, Knöpfe annähen, stopfen und Ziermuster herstellen. Moderne Nähmaschinen kann man so einstellen, daß dünne und dicke Stoffe mit unterschiedlichen Garnen leicht zu verarbeiten sind.

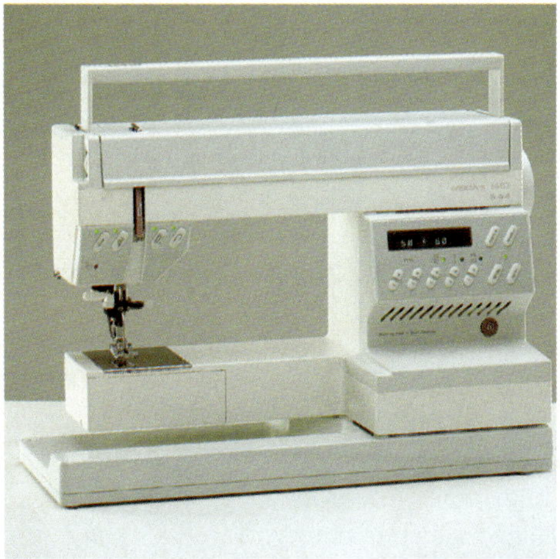

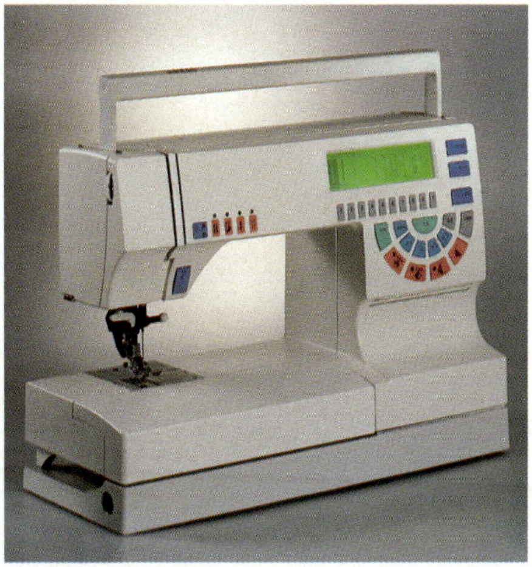

Zusammen mit ihren Klassenkameradinnen und Klassenkameraden wollen Sylvia, Jasmin und Marco nähen lernen. Wir können sie begleiten und manches von ihnen abschauen.
Zuerst sehen wir uns im neuen Arbeitsraum um.

2. Unser Arbeitsraum

Das hängt in unserem Arbeitsraum:

Sicherheit im Fachraum:
- Vorsicht im Umgang mit Scheren und elektrischen Geräten
- Elektrokabel so legen, daß niemand stolpert
- Bügeleisen nur einschalten, wenn es benötigt wird
- Eingeschaltetes Bügeleisen nicht auf der Bügelsohle abstellen
- Nähmaschinenstrom beim Einfädeln und Reinigen abschalten

Ordnung im Fachraum:
- Alle Arbeitsgeräte sorgfältig aufräumen
- Auf dem Boden liegende Stoffreste und Stecknadeln aufheben

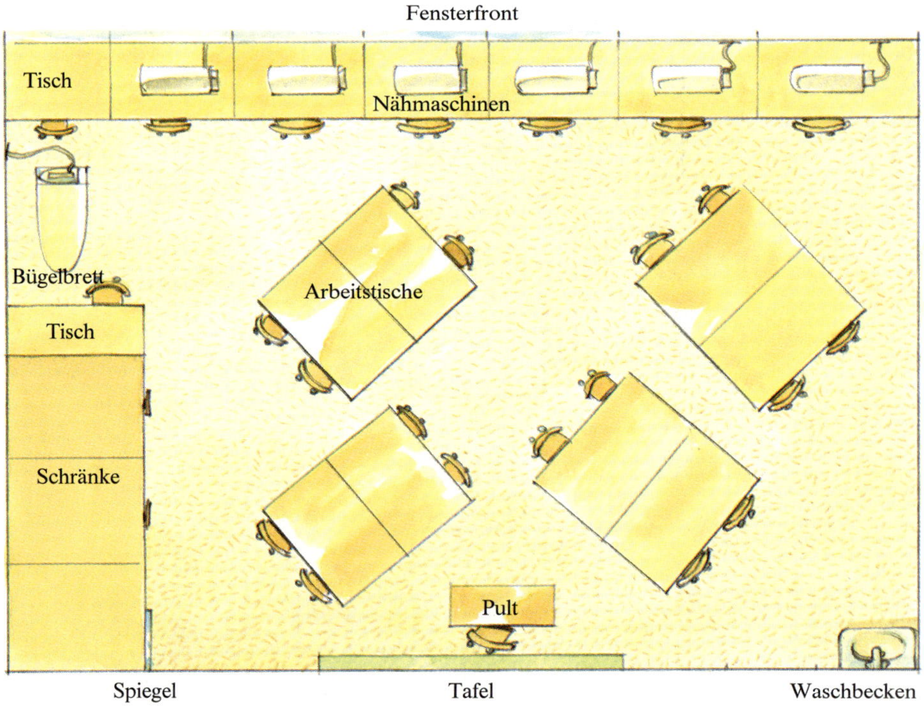

Das ist unser Arbeitsraum:
- Zum Nähen braucht man Licht: Deshalb stehen bei uns die Nähmaschinen am Fenster. Sie haben eigene Tische, auf denen sie ständig betriebsbereit stehen.
- Die Nähmaschinen haben ihren Platz direkt bei den Steckdosen, damit die Kabel keine Stolperfallen bilden.
- Die Arbeitstische sind so gestellt, daß jeder ausreichend Platz zum Arbeiten hat.
- Alle Arbeitsmittel sind übersichtlich im Schrank aufbewahrt.
- Das Bügeleisen steht einsatzbereit auf dem Bügelbrett.
- Ein großer Spiegel ist wichtig, wenn wir Kleidung nähen und anprobieren.

Aufgaben:

1. Skizziert auf einem Blatt eueren Arbeitsraum.

2. Macht Vorschläge, wie ihr ihn gemeinsam vorteilhafter gestalten könnt.

3. Was wir zum Nähen brauchen

Unser Handwerkszeug

Zum Aufzeichnen

Schneiderkreide in verschiedenen Farben, Bleistift, Seifenreste

Zum Messen

Maßband, Handmaß

Zum Schneiden

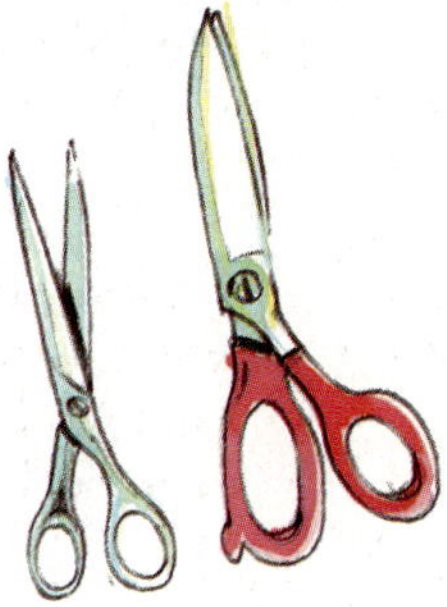

Zuschneideschere, Arbeitsschere

Zum Nähen

Stecknadeln, Nähnadeln, Maschinennadeln

Heftgarn, Nähgarn

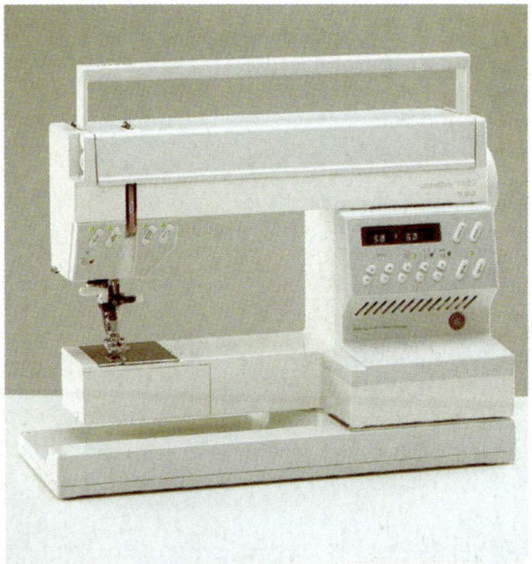

Nähmaschine

Aufgaben:

1. *Sieh nach, welche der abgebildeten Gegenstände in eurem Fachraum vorhanden sind.*
2. *Informiere dich, wo sie aufbewahrt werden.*
3. *Schreibe auf, was dir noch fehlt und ergänze die Nähutensilien.*

4. Wir lernen unsere Nähmaschine kennen

Tip:
- Jeder Maschinentyp ist etwas anders. Deshalb mußt du beim ersten Umgang mit der Nähmaschine die Betriebsanleitung lesen.
- Im Inhaltsverzeichnis findest du das Stichwort für dein Problem.

Die Nähmaschine bietet viele Möglichkeiten. Sie erleichtert die Näharbeiten. Der richtige Umgang muß jedoch geübt werden, damit das Nähen problemlos klappt.

Wir machen die Maschine betriebsbereit

- Schutzhülle oder Schutzkoffer entfernen, Bedienungsanleitung herausholen.
- Einzelteile der Maschine mit Hilfe der Bedienungsanleitung suchen und benennen.
- Fußanlasser sicher auf den Boden stellen, den Stecker mit der Nähmaschine verbinden; Netzstecker in die Wandsteckdose stecken.

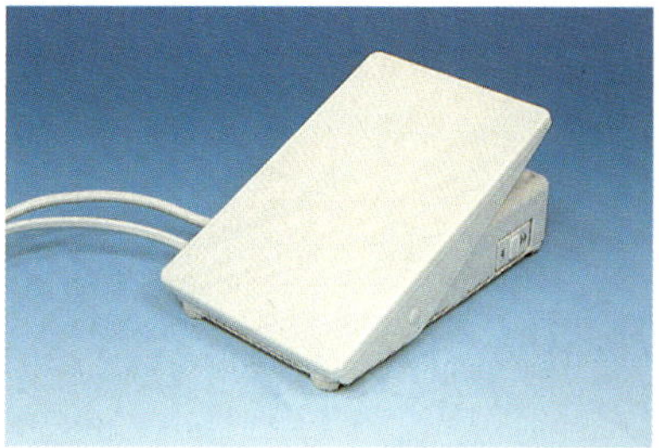

Wir fädeln die Maschine ein

Nicht alle Maschinen werden gleich eingefädelt. Jedoch gibt es Grundregeln, die bei jeder Nähmaschine gleich sind.

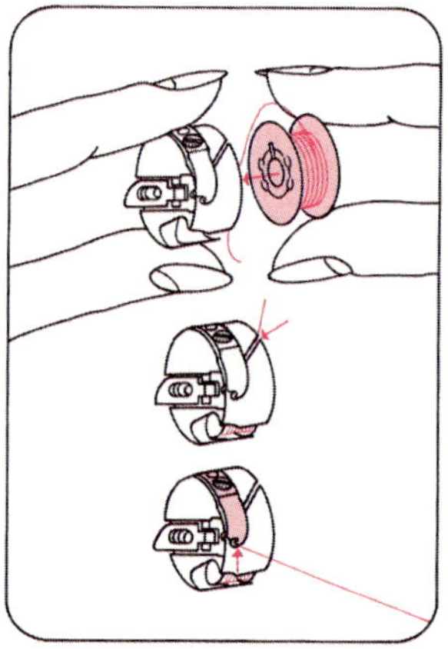

- Spule einsetzen

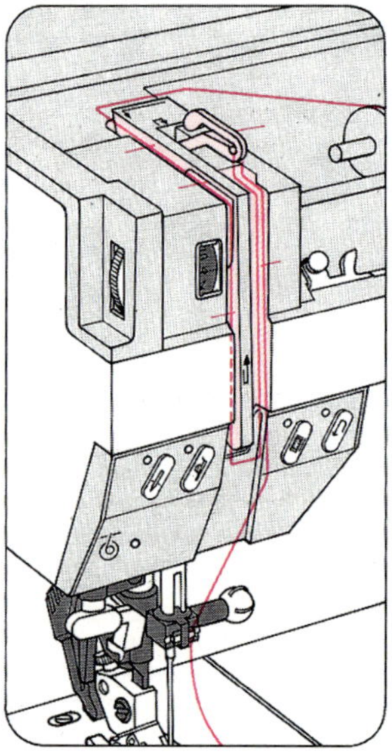

- Oberfaden einfädeln

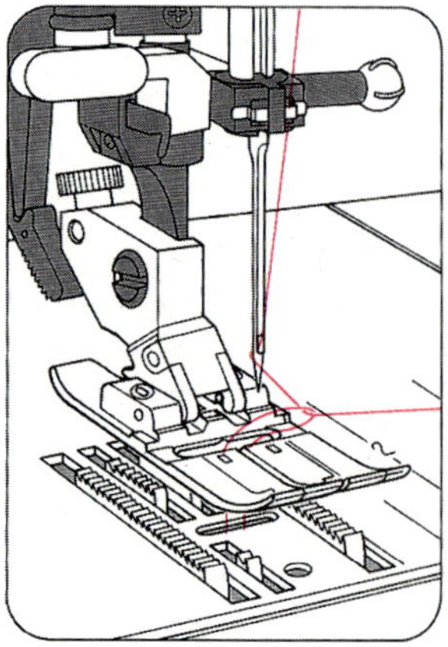

- Unterfaden heraufholen

Wenn die Spule leer ist, mußt du einen neuen Faden aufspulen. Wie das genau gemacht wird, kannst du in der Betriebsanleitung nachlesen.

Aufgaben:

1. *Wähle 10 wichtige Teile der Nähmaschine aus und schreibe ihre Bezeichnung auf Kärtchen.*
2. *Lege die Kärtchen zu den entsprechenden Teilen der Nähmaschine.*
3. *Wie heißen die Teile der Nähmaschine? Spielt zu zweit ein Frage- und Antwortspiel.*

Die ersten Stiche – Geradstich und Zickzackstich

Die richtige Arbeitshaltung und die Führung des Stoffes sind beim Nähen besonders wichtig. Den Stoff am besten von der Seite her mit den Fingern Stück für Stück an den Nähfuß heranführen.

Geradstich (immer mit doppelter Stofflage)

Zickzackstich

Bei den meisten Nähmaschinen werden die Stiche aus einer Kombination von **Stichbreite** und **Stichlänge** gebildet.

Einstellung der Stichbreite:

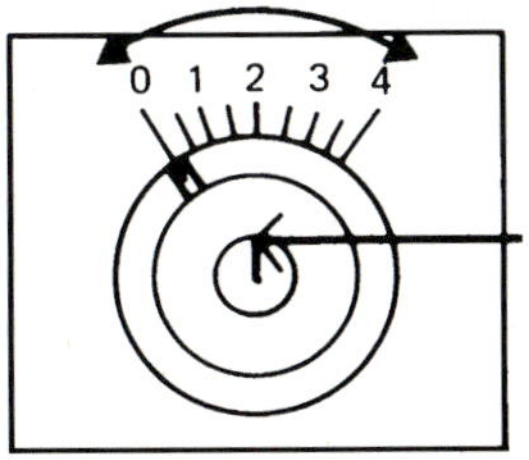

Einstellung der Stichlänge:

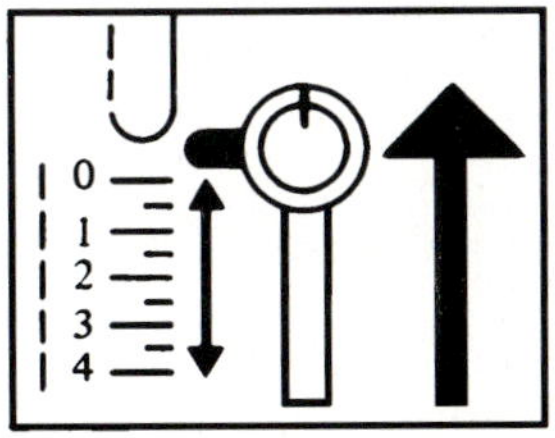

Einstellung Geradstich:

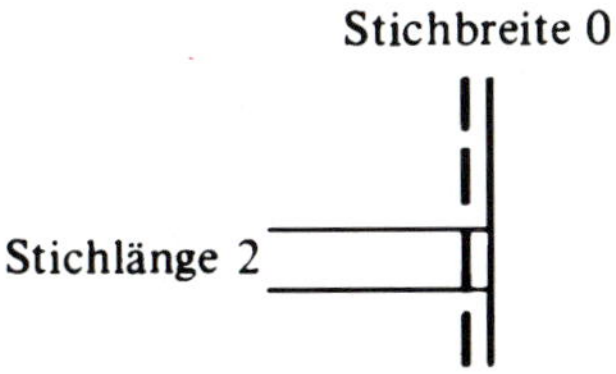

Einstellung Zickzackstich:

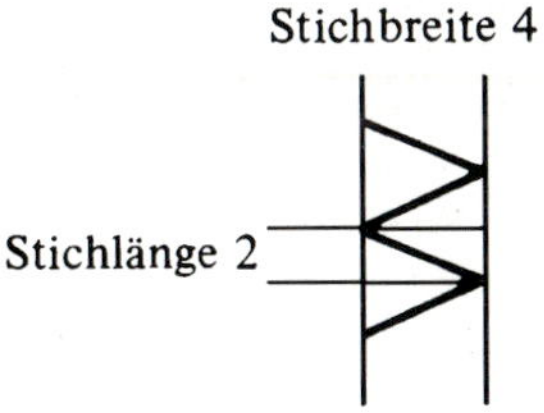

Es gibt auch Nähmaschinen, bei denen die Einstellung der Stiche so aussieht:

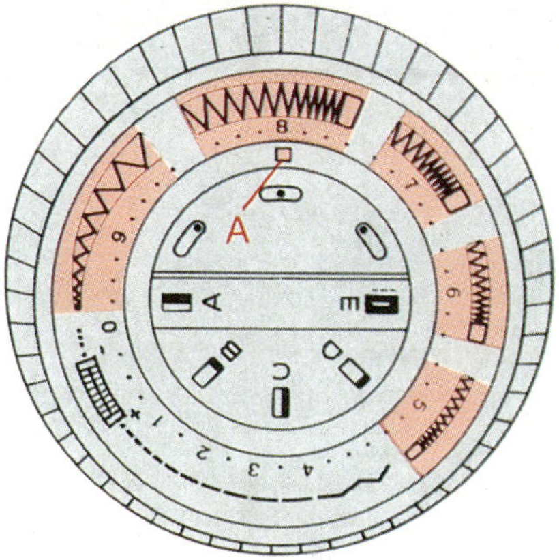

Aufgaben:

1. Stelle auf deiner Maschine einen Geradstich ein:

a) Nähe ein kurzes Stück und verändere immer wieder die Stichlängen.

b) Verändere immer wieder die Nadelposition.

2. Stelle folgende Stiche ein, nähe sie und beschreibe ihr Aussehen:

Stichbreite: 0,5	Stichlänge: 1, 3, 5
Stichbreite: 3	Stichlänge: 1, 3, 5
Stichbreite: 1, 3, 5	Stichlänge: 2

Tip:
Manchmal kann auch die Spulenkapselspannung nicht in Ordnung sein!
So kannst du prüfen, ob die Spannung der Spulenkapsel stimmt:

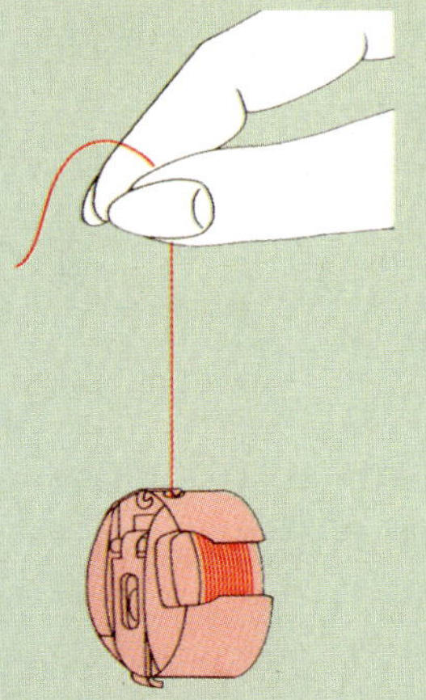

Spulenkapsel am Nähfaden hochhalten:
Die Spulenkapsel bewegt sich langsam nach unten – die Spannung ist richtig eingestellt.

Reinigung und Pflege der Maschine:

- *Hauptschalter auf 0 stellen oder die Maschine ausstecken.*
- *Nadel nach oben drehen.*
- *Mit einem Pinsel den Faserstaub von Stichplatte und Greiferbahn entfernen.*
- *Evtl. Fadenreste aus dem Stichloch oder der Greiferbahn entfernen, dazu die Stichplatte abnehmen.*
- *Ölen nur nach genauer Anweisung in der Gebrauchsanleitung.*

Erste Hilfe bei Problemen mit der Nähmaschine

So sieht ein richtig gebildeter Geradstich aus:
Die Stiche sehen auf Stoffober- und -unterseite gleich aus.

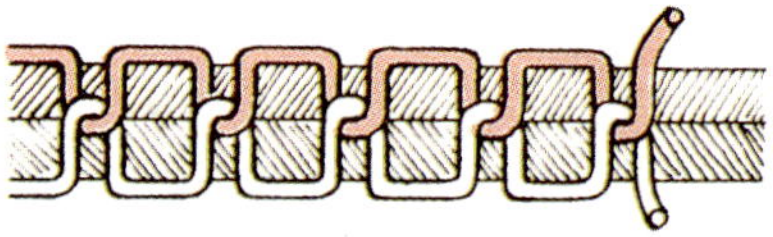

Oberfadenspannung zu locker:
Auf der Stoffoberseite bilden sich lose Schlingen.

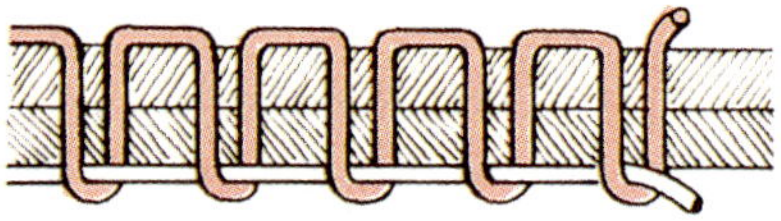

Oberfadenspannung zu fest:
Oberfaden ist straff angezogen und läßt sich leicht herausziehen.

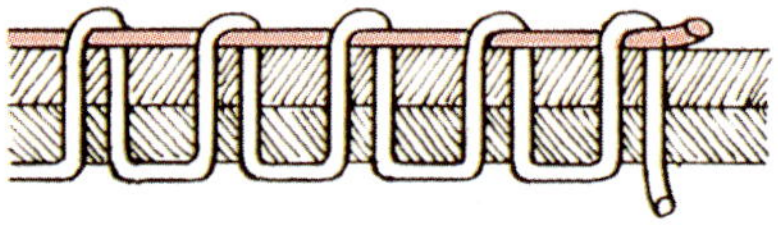

Was tun, wenn …

Störungen beim Nähen	**Ursache**	**Behebung der Ursache**
Die Nadel „hackt" und sticht große Löcher in den Stoff.	Die Nadelspitze ist abgebrochen.	Neue Nadel einsetzen.
Die Nadel bricht ab.	Die Spulenkapsel ist nicht richtig eingesetzt. Die Nadel ist krumm.	Spulenkapsel richtig einsetzen. Neue Nadel einsetzen.
Der Faden reißt häufig ab.	Die Spannung ist zu straff eingestellt. Die Nadel ist krumm.	Fadenspannung lockern. Nadel auswechseln.
Der Stofftransport funktioniert nicht richtig.	Fadenreste sind in der Spulenkapsel.	Fadenreste vorsichtig, evtl. mit einer Pinzette entfernen.
Die Nähmaschine läßt Stiche aus.	Ober- oder Unterfaden sind nicht richtig eingefädelt.	Fadenführung kontrollieren.
Auf der Stoffunterseite entsteht ein Fadengewirr.	Oberfadenspannung ist zu locker, oder der Oberfaden ausgefädelt. Die Spule ist nicht richtig aufgespult.	Die Oberfadenspannung fester stellen bzw. Faden in die Spannungsfeder legen. Spule sauber aufspulen.

Begriffe und Techniken, die wir zum Nähen kennen müssen

Vor dem Nähen:
Begriffe, die den Stoff beschreiben:
Diese Begriffe tauchen oft in Fertigschnitten und Nähbeschreibungen auf.

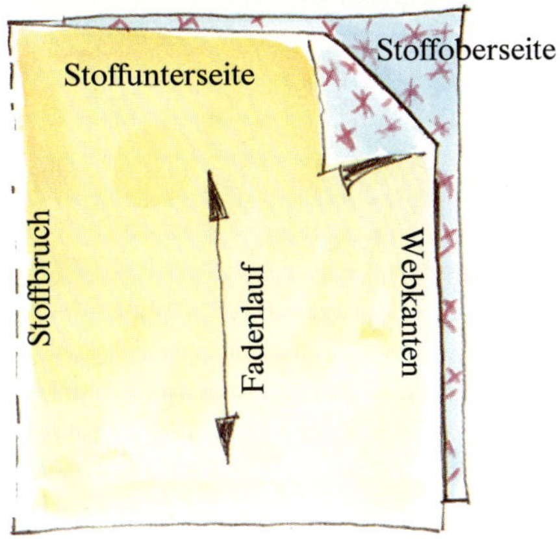

Fadengerades Schneiden:
Manchmal muß man genau dem Faden entlang schneiden. Bei feinen Stoffen, sieht man den Einzelfaden schlecht, deshalb mußt du einen Kett- oder Schußfaden herausziehen.

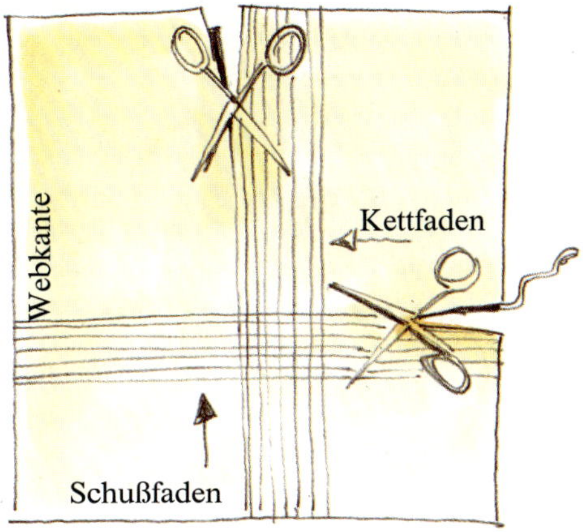

Nahtzugaben anzeichen:
Mit Kreide, Seife oder Bleistift auf der Unterseite des Stoffes die Nahtzugaben anzeichnen.

Stecken und Heften:
Nadeln senkrecht zur Stoffkante einstecken. Nähte und Säume können geheftet werden.

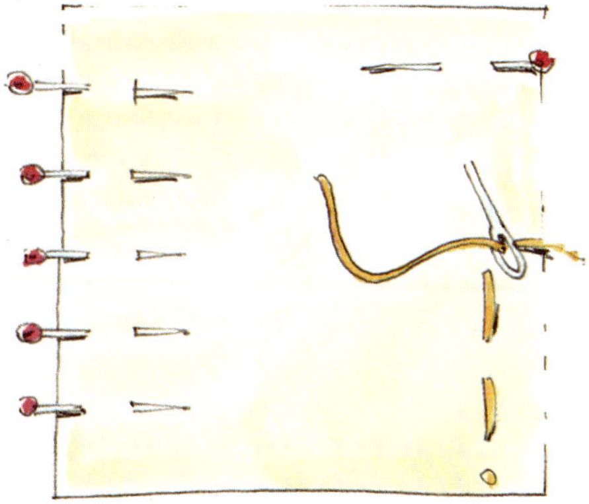

Tips:

- Stoffe aus der Restekiste vor dem Verarbeiten glattbügeln.
- Neue Stoffe sind häufig verzogen. Mehrmals im schrägen Fadenlauf ziehen, bis die Webkanten aufeinanderliegen, wenn du den Stoff im Stoffbruch faltest.
- Bei einfarbigen Stoffen schauen, welche Seite die Stoffoberseite ist. (Bei fast allen Stoffen liegt die Oberseite innen.) Diese markieren, damit du sie beim Zuschneiden nicht verwechselst.

Nähtechniken

Stoffkanten versäubern

durch Zickzackstich

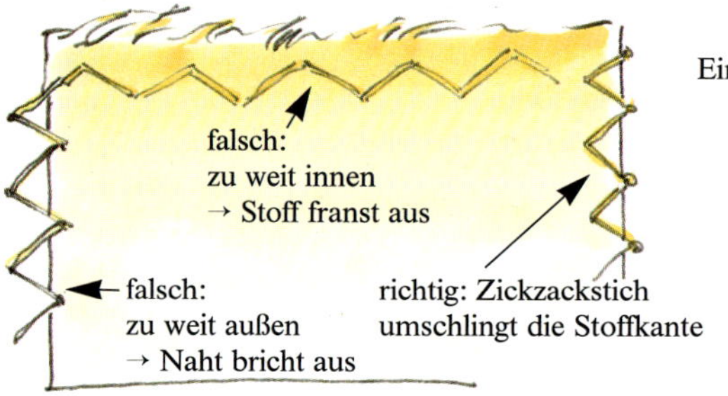

Der Zickzackstich umschlingt die Stoffkante und verhindert, daß diese ausfranst.

durch den Saum

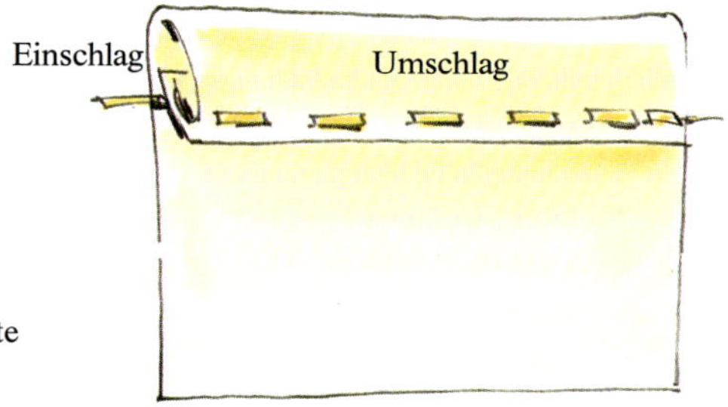

Mit Säumen kann man sichtbare Stoffkanten versäubern. Die Saumkante wird mit Geradstich schmalkantig genäht.

Stoffteile miteinander verbinden

durch die einfache Naht

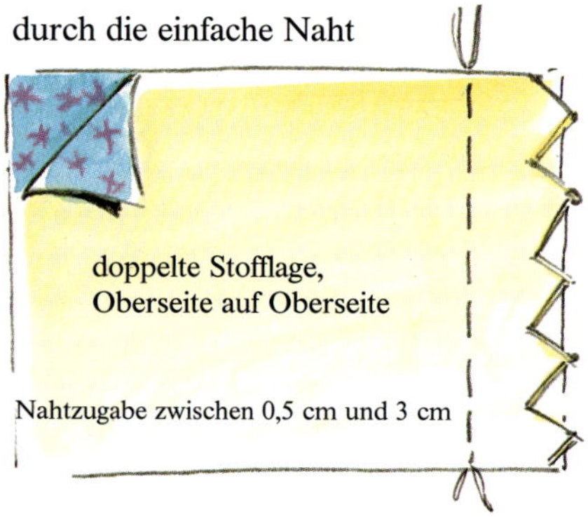

Sie verbindet zwei Stoffteile durch Geradstich miteinander.

durch Verstürzen

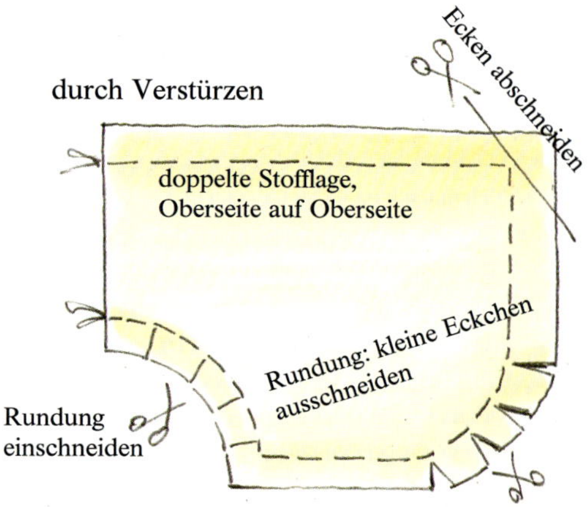

Das Verstürzen dient zur Verbindung von zwei Stoffteilen. Gleichzeitig können damit Kanten versäubert werden.

Gestalten mit der Nähmaschine

Mit Hilfe der Nähmaschine kann man nicht nur Stoffe zusammennähen, sondern man kann auch Stoffe gestalten.
So wurden früher einfarbige Stoffe von Hand mit Stickereien verziert. Später wurde diese Arbeit von Maschinen übernommen. Auch wir können mit unserer Nähmaschine mit einfachen Techniken Stoffe mit Stichen gestalten.

Eine andere Technik ist die Patchworktechnik (Flickenarbeit), bei der aus Stoffresten neue Stoffe hergestellt werden. Sie wurde vor allem in den USA berühmt. Die sogenannten Quilts wurden von Siedlerfrauen aus Stoffresten und den noch brauchbaren Teilen abgetragener oder zerschlissener Kleidung hergestellt. Die ältesten Quilts sind fast 300 Jahre alt. Später wurde diese Technik, die aus Not und Armut entstanden ist, zu einem Kunsthandwerk. Auch wir können einfache Patchworks herstellen.

Maschinenstickerei

Patchwork aus unregelmäßig zusammengesetzten Streifen und Flicken

Patchwork in der Streifentechnik

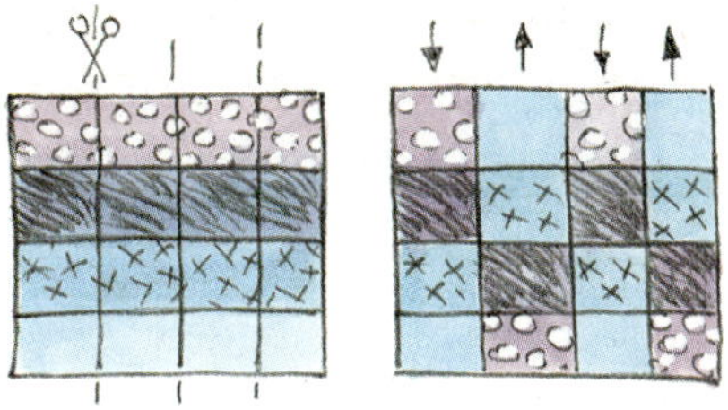

Tagesdecke in Patchworktechnik

Aus diesen Mustertechniken lassen sich viele Gegenstände herstellen. Mit einfachen Schnitten entstehen:

Kissen

Schlange

Mäppchen

Aufgaben:

1. Erprobe auf deiner Nähmaschine Stiche, die sich zur Musterung eines einfarbigen Stoffes eignen.

2. Übe das Nähen von geraden, runden und geschwungenen Linien.

3. Wähle Stoffe für die Patchworkarbeit aus:
a) die ungefähr gleich dick sind und
b) die farblich gut zusammenpassen, z.B. eine Farbfamilie bilden.

4. Übe das Aneinandernähen von Stoffstreifen oder Stoffstücken.

Stoffe und ihre Eigenschaften

1. Stoffe wahrnehmen und beschreiben

Gruppenspiel:
- Wählt 10 verschiedene Stoffreste aus.
- Spielanleitung:

Alle Stoffreste auf dem Tisch ausbreiten. Der erste Schüler wählt sich in Gedanken einen Stoff aus und muß diesen ganz genau beschreiben. Wer von der Gruppe zuerst den richtigen Stoff erkannt hat, darf das Spiel weiterspielen. Damit es schwieriger ist, könnt ihr bestimmte Beschreibungen eingrenzen:
- Es darf keine Farbe genannt werden.
- Es dürfen nur Eigenschaften beschrieben werden, die man fühlen kann.
- Es dürfen nur Eigenschaften verwendet werden, die man erproben kann.

Sylvia, Jasmin und Marco wählen für ihre Nähproben Stoffe aus der Restekiste.
Weshalb man einen Stoff bevorzugt oder ablehnt, kann viele verschiedene Gründe haben:
Sylvia hat diesen Stoff ausgewählt und fragt Jasmin und Marco um ihre Meinung:

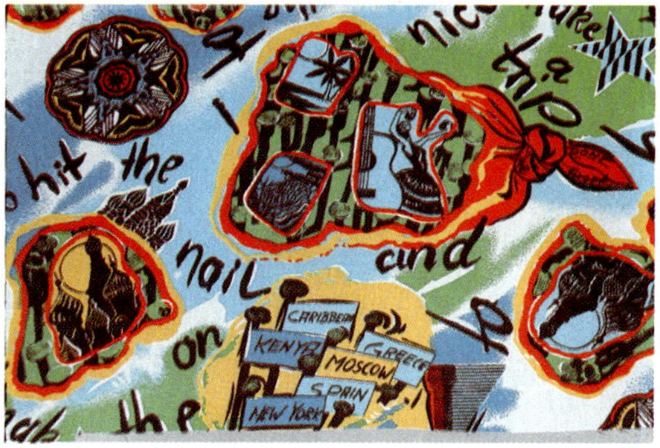

Marco:
„Den würde ich nicht nehmen, der ist mir viel zu **bunt**. Außerdem ist er so **glatt** und **rutschig**. Mir würde ein **gestreifter** oder **karierter** Stoff gefallen.“

Jasmin:
„Das **Muster** gefällt mir sehr gut, aber mir ist der Stoff zu **dünn** und zu **weich**. Ich möchte lieber einen **dickeren** Stoff haben. Vielleicht entscheide ich mich für einen **einfarbigen**, da sehe ich die Naht besser.“

Zum Beschreiben von Stoffen verwenden wir Begriffe, die etwas über die Eigenschaften eines Stoffes aussagen. Solche Eigenschaften kann man sehen, fühlen oder auch erproben, d. h. beobachten, wie sich der Stoff beim Befühlen verhält.

Wie Stoffe aussehen können 	*Wie sich Stoffe anfühlen können* 	*Wie sich Stoffe verhalten können*  
glänzend einfarbig bunt gemustert kariert gestreift durchsichtig undurchsichtig matt	rauh glatt weich hart warm kalt flauschig kratzig	ist dehnbar ist nicht dehnbar reißt leicht knittert ist rutschig

Diese Eigenschaften werden **Gebrauchseigenschaften** genannt. Es gibt aber noch mehr Eigenschaften, die sich beim Pflegen und Tragen einer Textilie zeigen.

2. Woher die Fasern kommen

Naturfasern		Chemiefasern	
Tierische Fasern (aus Eiweiß)	**Pflanzliche Fasern (aus Zellulose)**	**Chemische Fasern (aus Zellulose)**	**Chemische Fasern (aus Erdöl)**
Schafwolle  Kaninchenhaare: Angora  Kamelhaar  Ziegenhaar: Kaschmir Mohair  Seide 	Samenhaare: Baumwolle  Stengelfasern: Flachs (Leinen) Hanf, Jute  Blattfasern: Sisal  Fruchtfasern: Kokos 	 ↓ Holz  ↓ Fäden ↓ Fasern: Viscose Modal Reyon Acetat	Erdöl 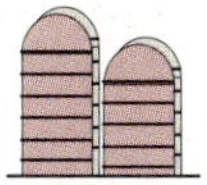 ↓ Fäden ↓ Fasern: Polyesterfasern: Diolen, Trevira, Vestan Polyacrylfasern: Dolan, Dralon, Orlon Polyamidfasern: Nylon, Perlon Elasticfasern: Dorlestan, Lycra

Fasern haben auch noch andere Eigenschaften, z. B.:

- Leinen fusselt nicht, deshalb werden daraus Geschirrtücher hergestellt.
- Baumwolle ist sehr saugfähig und kann Schweiß aufnehmen, deshalb wird daraus Unterwäsche hergestellt.
- Wolle nimmt viel Feuchtigkeit auf, deshalb läßt ein Lodenmantel wenig Regen durch.
- Manche synthetischen Fasern nehmen wenig Wasser auf und trocknen schnell, deshalb stellt man daraus Badekleidung her.

3. Die wichtigsten Eigenschaften der Fasern

Faser	**Pflegeeigenschaften**		**Trageeigenschaften**	
	waschen / einlaufen	bügeln / knittern	wärmen	strapazieren
Baumwolle	60 – 95 läuft ein	••• knittert stark	hält nicht warm	ist strapazierfähig
Leinen	60 – 95 läuft ein	••• knittert stark	hält nicht warm	ist sehr strapazierfähig
Wolle	Handwäsche – 30 kann filzen und einlaufen	••• muß mit Dampf gebügelt werden knittert nicht	hält sehr warm	ist wenig strapazierfähig
Seide	Handwäsche – 30 läuft nicht ein	•• knittert kaum	hält wenig warm	ist wenig strapazierfähig
Chemiefasern aus Zellulose Viscose, Modal, Reyon, Acetat	40 – 60 je nach Faserart laufen je nach Faserart unterschiedlich ein	•• je nach Faserart Viscose knittert stark Modal knittert wenig	halten je nach Faserart mehr oder weniger warm	sind wenig strapazierfähig
Synthetische Chemiefasern Polyester Polyacryl Polyamid	40 – 60 je nach Faserart laufen nicht ein	• oder nicht bügeln knittert kaum	halten je nach Faserart mehr oder weniger warm	sind sehr strapazierfähig

4. Die Eigenschaften von Fasern können verändert werden

Ausrüstungs- und Veredlungsverfahren sollen die Eigenschaften von Textilien verbessern. Durch die Mischung von Natur- und Chemiefasern können die Eigenschaften der einzelnen Fasersorten verbessert werden. Das Mischungsverhältnis und die verwendeten Fasern müssen auf dem Textilkennzeichnungsetikett angegeben werden.

Fasermischungen bringen Vorteile:

Blusen und Kleider
Polyester: ist knitterarm, muß kaum gebügelt werden
Baumwolle: verbessert die Saugfähigkeit, ist hautfreundlich

Hosen, Röcke und Jacken
Polyester: erhöht Scheuerfestigkeit
Wolle: ist hautfreundlich, verbessert die Saugfähigkeit, gibt matten Glanz

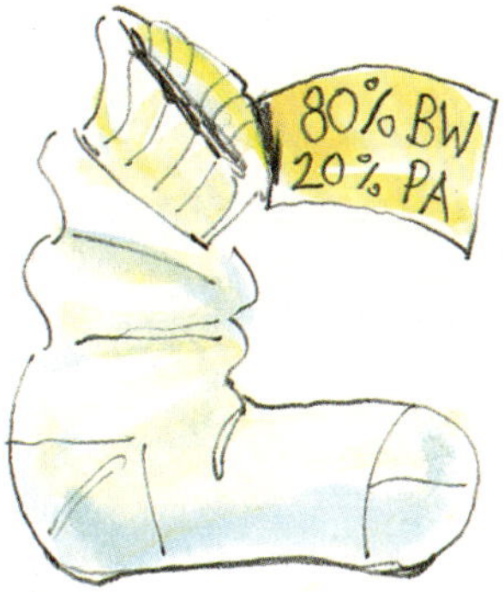

Socken und Strumpfhosen
Baumwolle: ist saugfähig, hautfreundlich
Polyamid: erhöht die Reiß- und Scheuerfestigkeit

Veredelte und ausgerüstete Fasern haben Vor- und Nachteile:
Durch chemische Behandlung von Fasern können die Gebrauchseigenschaften von Textilien verbessert werden. Harze, die auf die Fasern aufgebracht werden, setzen die Knitterneigung herab. Fluorhaltige Säuren machen Fasern schmutz-, wasser- oder ölabweisend.
In letzter Zeit häufen sich jedoch Hinweise, daß „veredelte" Textilien zu allergischen Reaktionen führen.
„Bügelfreie" Hemden führen zu Kontaktallergien dort, wo der Kragen den Hals berührt.
Bestimmte Farbstoffe reizen die Haut und können Hautausschläge verursachen.
Textilien, die fluorhaltige Säuren enthalten, bereiten bei der Müllverbrennung Probleme.

Scotchgard®
FLECKSCHUTZ IM STOFF

MOTTENECHT DURCH EULAN
BAYER LEVERKUSEN

permanent wetterfest
® Hydrophobol
wasserabweisend imprägniert

Sanitized®

Info:
Bei der Textilherstellung wird immer häufiger auf diese Verfahren verzichtet, denn:
Eine Verbesserung der Pflegeeigenschaften kann zu einer Verschlechterung der Trageeigenschaften führen und der Gesundheit und Umwelt schaden.

Zündstoff

Umweltgifte lauern auch in Textilien, Stoffe werden mit giftigen Chemikalien strapazierfähiger gemacht. Die Schädlichkeit dieser Substanzen wird oft geleugnet. Die Folgen bekam Frau B. zu spüren. Nach der Eröffnung eines Trachtengeschäfts erkrankte sie.

TEXTILES VERTRAUEN
Schadstoffgeprüfte Textilien
nach Öko-Tex Standard 100
Prüf-Nr. 94.0.6473 · FI Hohenstein

Tips:
Das kannst du beim Einkauf von Textilien beachten:
- Bevorzuge beim Kauf weniger hoch „veredelte" Textilien.
- Wasche Textilien, vor allem solche, die auf der Haut getragen werden, vor dem ersten Anziehen.
- Probiere andere Natur- oder Chemiefasern aus, wenn du auf eine Naturfaser allergisch reagierst.
- Kaufe möglichst Kleidung, die nicht gereinigt werden muß. Nach einer Reinigung sollte das Kleidungsstück wenigstens einen Tag lang auslüften.

Umweltgifte und Chemikalien in Textilien
Viele Menschen reagieren allergisch auf Naturfasern. Daran sind aber weniger die natürlichen Produzenten Pflanze oder Tier schuld, sondern der Mensch selbst: Zum einen durch den Einsatz großer Mengen chemischer Substanzen bei der Schädlingsbekämpfung, zum anderen durch seinen „Erfindungsreichtum" bei der Veränderung der natürlichen Fasern durch Chemikalien. So wird manches Naturprodukt zum Gesundheitsrisiko.
Das neue Markenzeichen für schadstoffgeprüfte Textilien **MST** garantiert, daß keine gesundheitsschädlichen Stoffe enthalten sind.

Krank durch Kleidung

Gefährliche Chemikalien bei der Herstellung und Verarbeitung von Textilien

Rohstoffgewinnung	Lagerung/Versand	Färben	Veredlung
Pflanzenschutzmittel (fast ein Fünftel der Weltproduktion von Pestiziden wird auf Baumwollfeldern ausgebracht)	*Konservierungsmittel* (z. B. Lindan, Pentachlorphenol, Fungizide)	8000 verschiedene *Färbemittel,* davon 2000 Azo-Farben (verursachen teilweise Allergien, möglicherweise auch Brustkrebs)	6000 *Textilhilfsmittel* (z. B. chlorierte Kohlenwasserstoffe, Phosphorsäureester, Formaldehyd, Ammoniak)

Antischmutz
Wetterschutz
Flammschutz
filzfrei
bügelfrei

Jeder Bundesbürger kauft im Durchschnitt 19 Kilogramm Kleidung im Jahr.

Erkrankungen und Beschwerden, die durch Textilien ausgelöst werden können:
Natürliche Reaktionen aufgrund der Faserstruktur:
- Asthmatische Beschwerden durch das Einatmen von kleinsten Faserteilchen
- Juckreiz auf der Haut durch die rauhe Faserstruktur, z. B. bei Wolle

Reaktionen und Erkrankungen durch Chemikalien:
- Kontaktallergien, z. B. Hautausschläge, Juckreiz, Ekzeme, Pusteln
- Infektanfälligkeit, Sehstörungen, Müdigkeit, Erschöpfung, Nerven- und Krebserkrankungen durch das Einatmen der chemischen Substanzen

5. Stoffe genauer betrachtet

Stoffe haben verschiedene Eigenschaften, die davon abhängen,
- aus welcher Faser der Stoff hergestellt ist,
- wie die Faser zu Garn weiterverarbeitet wird,
- wie das Garn zu Stoff weiterverarbeitet wird.

Der Verwendungszweck eines Kleidungsstückes oder eines Gebrauchsgegenstandes bestimmt, welche Eigenschaften der Stoff haben soll, aus dem wir etwas nähen.
Deshalb sind für den Einkauf von Stoffen Informationen notwendig.

Webware

Faser - Garn - Fläche

Jede Faser, ob tierisch, pflanzlich oder synthetisch, hat aufgrund ihrer Herkunft bereits bestimmte Eigenschaften. Bei synthetischen Fasern können diese Eigenschaften ganz gezielt hergestellt werden (vgl. S. 75).
Diese Fasern werden zu Fäden und dann zu Garnen versponnen. Garne können auf verschiedenste Weise hergestellt werden. Stark gedrehte Garne, die z. B. aus mehreren Fäden bestehen, ergeben strapazierfähige Stoffe, die eher glatt und hart sind. Stoffe aus lose gedrehten Fäden oder Garnen sind eher weich und nicht so strapazierfähig.

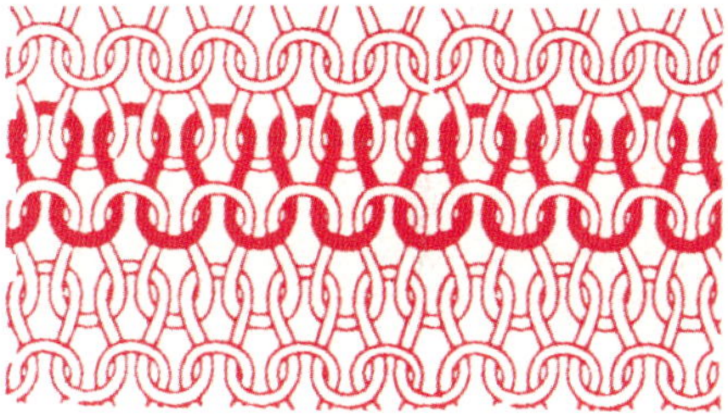

Maschenware

Auch davon, wie das Garn wiederum weiterverarbeitet wird, können die Trage- oder Pflegeeigenschaften des daraus hergestellten Kleidungsstückes oder Gebrauchsgegenstandes abhängen.

Baumwollgarn	Pflegeeigenschaften	Trageeigenschaften
Webwaren, z. B.: Shorts Schürze Matchsack	• waschbar 60–95 °C • bügeln 	• nimmt Feuchtigkeit auf • knittert leicht • formbeständig • wenig dehnfähig
Maschenwaren, z. B.: T-Shirt Radlerhose	• waschbar 60–95 °C • bügeln 	• nimmt viel Feuchtigkeit auf • knitterarm • wenig formbeständig • dehnfähig

Tip:
Zum Nähen von Maschenwaren braucht man Spezialstiche. Maschenwaren sind daher für die erste Näharbeit ungeeignet.

Die Verarbeitung des Baumwollgarns zu Web- oder Maschenwaren wirkt sich nicht auf die Pflegeeigenschaften aus. Bezüglich der Trageeigenschaften unterscheiden sich Web- und Maschenwaren jedoch wesentlich.
Sport- und Freizeitkleidung wird zum Beispiel häufig aus dehnbarer Maschenware hergestellt. An die Formbeständigkeit werden nicht so hohe Anforderungen gestellt, da diese Kleidung meist weit und bequem geschnitten ist.

Aufgaben:

1. *Schau zu Hause in deinem Kleiderschrank nach, welche Kleidungsstücke aus*
   a) Webwaren
   b) Maschenwaren hergestellt sind.
2. *Tausche deine Ergebnisse mit deinen Mitschülern aus. Überlegt euch, welche Gründe bei einem Kleidungsstück für die Verwendung von Web- oder Maschenwaren ausschlaggebend sind.*

Textilien untersuchen und auswählen

1. Was können wir nähen?

Sylvia, Jasmin und Marco sind nun in der 7. Klasse und sollen in den kommenden Wochen im Unterricht einen textilen Gegenstand herstellen.
Die Vorstellungen und Wünsche sind sehr unterschiedlich, und die Frage, was hergestellt werden soll, wird heftig diskutiert.
Nach eifrigem Blättern in den ausgelegten Versandhaus- und Werbeprospekten, Katalogen und Zeitschriften finden sie viele Anregungen und wählen diese aus:

Fragen tauchen auf wie:
„Können wir das überhaupt nähen?"
„Welcher Stoff ist geeignet?"
„Reicht die uns zur Verfügung stehende Zeit?"
„Wieviel wird es kosten?"
„Können wir unsere eigenen Ideen verwirklichen?"

Aufgaben:

1. *Suche in Katalogen, Zeitschriften oder Prospekten Kleidungsstücke oder Gebrauchsgegenstände aus, die man selbst nähen könnte. Schneide diese aus, und bringe sie in den Unterricht mit.*
2. *Beachte dabei die Materialangaben, Wasch- und Pflegehinweise genau. Schneide diese aus, oder schreibe sie auf.*
3. *Notiere, zu welchem Preis die abgebildeten Kleidungsstücke und Gebrauchsgegenstände angeboten werden.*

2. Wir finden viele Hinweise und Informationen

Die Schülerinnen und Schüler schauen sich die ausgeschnittenen Abbildungen von Kleidungsstücken und Gebrauchsgegenständen genauer an. Sie finden Angaben über verwendete Materialien, Hinweise über Trage- und Pflegeeigenschaften sowie Informationen über besondere Herstellungsverfahren und den Preis.

T-Shirt mit Fotodruck
85 % Baumwolle,
15 % Polyester
knitterarm, formbeständig
waschbar bis 40 °C
ab 22,– DM

Matchsack mit Kordeldurchzug
Vordertasche mit Reißverschluß
Synthetik, abwischbar
Größe ca. 47/29 cm 79,90 DM

T-Shirt
„der Klassiker"
reine Baumwolle
ohne Formaldehyd
chlorfrei gebleicht
waschbar: bunt 60 °C
weiß 95 °C
trocknerbeständig
ab 29,95 DM

Freizeitshorts
reine Baumwolle
Maschinenwäsche
ab 24,95 DM

Radlerhose:
100 % Polyester
elastisch, super sitzend,
nicht bügeln!!!
ab 30,– DM

Grill- oder Küchenschürze
mit verschiedenen Motiven
100 % Baumwolle
waschbar bis 95 °C
besonders strapazierfähige Qualität
ab 24,95 DM

Unterschiedliche Materialien, die auch in Mischungen verwendet werden, sowie verschiedene Herstellungsverfahren geben einem Kleidungsstück oder einem Gebrauchsgegenstand seine typischen Gebrauchseigenschaften.
Unter Gebrauchseigenschaften versteht man:

Was ich vom Aussehen erwarte:
Gefällt mir Material, Farbe, Musterung, Schnittgestaltung, Formgebung ...?
Was ich beim Tragen erwarte:
Ist es strapazierfähig, saugt es Wasser oder Schweiß auf, behält es seine Form, hält es warm oder kühlt es, knittert es beim Tragen ...?
Was ich bei der Pflege erwarte:
Kann ich es selbst waschen, und bei welcher Temperatur kann oder muß ich es bügeln, oder muß es chemisch gereinigt werden ...?

Aufgaben:
1. *Welche Hinweise findest du in den Abbildungen, die sich auf Trageeigenschaften beziehen? Erkläre diese.*
2. *Begründe, welche Informationen auf Pflegeeigenschaften hinweisen.*
3. *Kennst du noch andere Trage- oder Pflegeeigenschaften?*

3. Wie wir uns über Textilien informieren können

Rohstoffangaben auf den Etiketten

Textilkennzeichnung und Ausrüstungshinweise sind eine große Hilfe bei der Auswahl und beim Kauf von Textilien. Zusätzliche Informationen können wir vom Verkaufspersonal im Fachgeschäft erfragen.

Seit dem 1. 9. 1972 besteht in Deutschland die Textilkennzeichnungspflicht. Alle Textilien müssen mit einem Etikett versehen sein, auf dem nachzulesen ist, welche Rohstoffe dafür verwendet wurden.

Enthält eine Textilie nur einen Rohstoff, so wird sie z. B. mit 100% Baumwolle oder 100% Wolle bezeichnet. Enthält die Textilie mehrere Rohstoffe, so müssen diese in der Reihenfolge ihres Anteiles aufgeführt werden. Faserbeimischungen, die unter 10% liegen, können mit den Hinweis „sonstige Fasern“ angegeben werden.

Bei den meisten Kleidungsstücken ist das Etikett in die Seitennaht oder am Kragen eingenäht. Bei Socken, bei Tisch- und Bettwäsche sowie bei Stoffen stehen die Angaben auf einem Etikett, das aufgeklebt oder anderweitig befestigt ist.

65 % Polyester
35 % Baumwolle

100 % BAUMWOLLE
100 % COTTON
100 % COTON
100 % KATOEN

100 % Wolle
Reine Schurwolle

70 % Schur-Wolle
30 % Polyester

100 %
Baumwolle

Gütezeichen sind freiwillige Kennzeichen. Die Hersteller dieser Textilien bürgen für Qualität und stehen unter ständiger Überwachung. Der Käufer dieser Waren kann sicher sein, daß er hochwertige Qualität kauft. Die bekanntesten Gütezeichen sind:

CERTIFICATION TRADE MARK
PURE NEW WOOL
PURE LAINE VIERGE
REINE SCHURWOLLE
PURA LANA VERGINE

NATURFASER
BAUMWOLLE

Rein Leinen

reine Seide

Info:
Seit 30 Jahren gibt es das Gütezeichen des Wollsiegels.
Früher konnte das Etikett „Wolle“ auch in Textilien eingenäht werden, die ein Drittel Zellwolle enthielten oder aus Reißwolle bestanden. Reißwolle wird aus Schnittabfällen der Industrie wiedergewonnen. Mit der Einführung des Wollsiegels verpflichteten sich die Hersteller, die dieses Gütezeichen führten, daß hier ausschließlich frisch geschorene Wolle verwendet wird.

Marken- und Warenzeichen sind Namen, die die verschiedenen Hersteller ihren Produkten geben. Sie sollen bewirken, daß sich ihr Produkt von ähnlichen Produkten abhebt. Bekannte Markennamen müssen oft teuer bezahlt werden. Sie sind jedoch nicht unbedingt eine Garantie für gute Qualität.

Pflegesymbole geben Informationen zur Pflege der Textilien.

Waschen:

Die Zahlen im Waschbottich geben die Waschtemperatur an.

Reinigen: Chloren:

Buchstaben in den Kreisen sind für den Fachmann in der Reinigung bestimmt.

Bügeln:

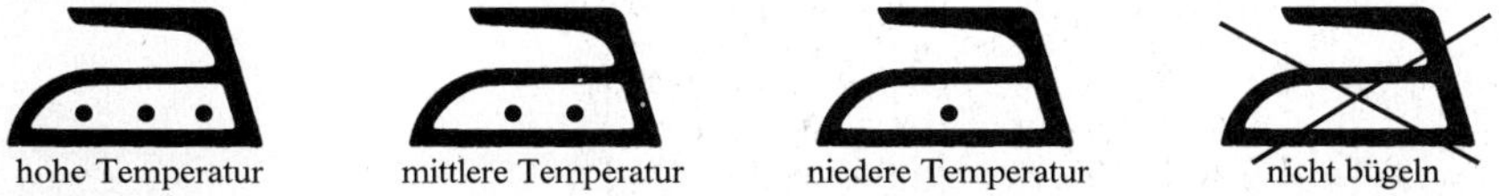

Die Punkte kennzeichnen die Temperaturbereiche der Reglerbügeleisen.

Trocknen:

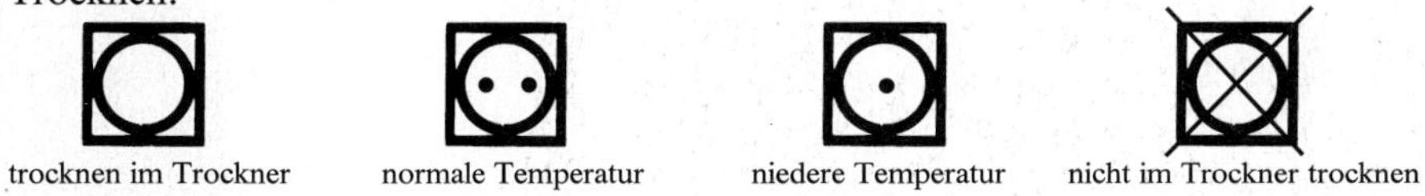

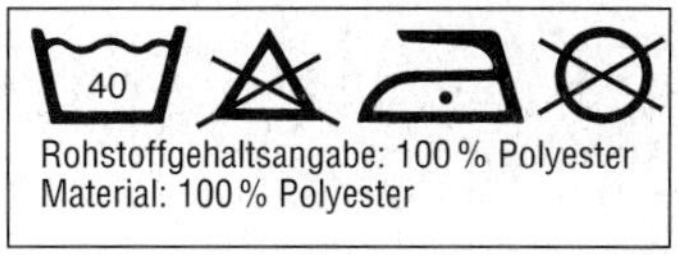

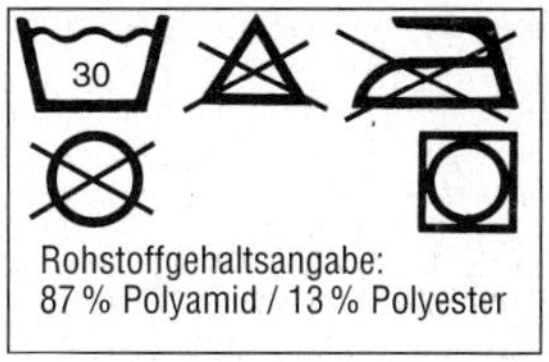

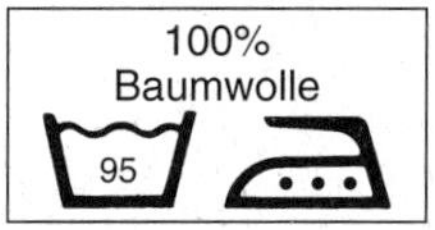

Aufgaben:

1. *Schaue in deinen Kleidungsstücken nach, welche Etiketten eingenäht sind.*
2. *Stelle fest, aus welchem Rohstoff bzw. aus welcher Rohstoffmischung deine Kleidungsstücke jeweils bestehen.*
3. *Schreibe auf, welche Marken- und Warenzeichen du findest.*
4. *Finde heraus, wie deine Kleidungsstücke gewaschen oder gebügelt werden sollen.*
5. *Erprobe an verschiedenen Stoffresten, mit welcher Temperatureinstellung du bügeln kannst. Beobachte was passiert, wenn:*
   a) die Temperatur zu hoch ist,
   b) die Temperatur zu nieder ist.

4. Welche Eigenschaften sollen unsere Stoffe haben?

Die Schülerinnen und Schüler der Klasse 7 haben ein T-Shirt mit Radlerhose, Shorts, einen Matchsack oder eine Küchenschürze in die engere Wahl gezogen. Sie schreiben nun auf, welche Eigenschaften die Stoffe dafür haben sollen. Dazu haben sie gemeinsam ein Arbeitsblatt erstellt.

Sylvia, Jasmin und Marco schreiben auf, was sie von einem Stoff für Shorts erwarten:

Eigenschaften eines Stoffes für Shorts	
	bunt gemustert, undurchsichtig
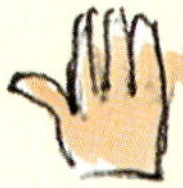	weich, glatt
	soll lang haltbar sein
	gut zu waschen
	gut zu bügeln
	soll nicht zu teuer sein, soll gut zu nähen sein

Aufgaben:

1. *Schreibt auf, welche Eigenschaften euch bei den Shorts, beim T-Shirt mit Radlerhose, beim Matchsack oder bei der Küchenschürze wichtig sind.*
2. *Erstellt selbst ein Arbeitsblatt und vergleicht eure Ergebnisse.*
3. *Diskutiert, ob es Eigenschaften gibt, die für die Funktion eines Kleidungsstückes oder eines Gebrauchsgegenstandes unbedingt erforderlich sind.*
4. *Welche Eigenschaften sind von den persönlichen Wünschen und Vorstellungen abhängig?*

5. Stoffe prüfen

Oft haben wir zu Hause oder in der Schule Stoffreste, von denen wir nicht wissen, aus welchem Rohstoff sie bestehen.
Die Brennprobe ist ein einfaches Verfahren, um dies festzustellen.

Sylvia Jasmin und Marco verbrennen verschiedene Stoffreste und notieren ihre Beobachtungen in einer Tabelle.

Stoffprobe einkleben	Verhalten der Flamme	Geruch	Rückstände	Rohstoff
	brennt sofort mit heller Flamme	*riecht nach verbranntem Papier*	*verbrennt zu weißgrauer Flugasche*	

Versuchsaufbau der Brennprobe:
Teelicht, Pinzette, feuerfester Untersatz, z. B. Teller, Schüssel mit Wasser zum Löschen der Stoffproben.

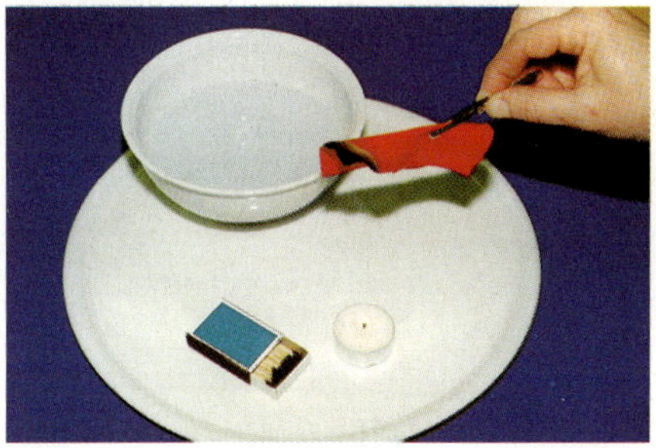

Diese Begriffe helfen beim Zuordnen:

- *erlischt sofort ohne Flamme*
- *brennt sofort mit heller Flamme*
- *schmilzt ohne zu brennen*
- *brennt langsam flackernd*
- *brennt auch ohne Flamme weiter*

- *riecht nach verbranntem Holz*
- *riecht nach verbrannten Haaren*
- *riecht stechend, säuerlich bis süßlich*

- *verbrennt zu weißlich-grauer Flugasche*
- *schwarzbraune „Knötchen" bleiben übrig, die sich leicht zerreiben lassen*
- *glasartige, harte Perlen bleiben übrig*

- Baumwolle, Leinen, Viskose verhalten sich beim Verbrennen wie Papier oder Holz, weil sie wie diese pflanzlicher Herkunft sind.
- Wolle, Seide, Kamel- und Lamahaar, Mohair, Angora, Alpaka, Kaschmir verhalten sich beim Verbrennen wie menschliche Haare, weil diese tierischen Haare ebenso aus Eiweiß (Keratin) bestehen.
- Polyester, Polyacryl, Polyamid, Synthetics verhalten sich beim Verbrennen wie Plastiktüten, weil sie wie diese aus Erdöl hergestellt sind.

Aufgaben:

1. *Führe selbst mit verschiedenen Stoffproben die Brennprobe durch.*
2. *Ordne die Beobachtungen von Sylvia, Jasmin und Marco den Ergebnissen deiner Brennproben zu.*
3. *Übertrage deine Ergebnisse in die Tabelle.*
4. *Verbrenne zum Vergleich Papier, Haare und Plastikfolie.*

Mischgewebe verhalten sich anders als Naturgewebe.

Wie können wir **Fasermischungen** erkennen?

Durch die Brennprobe können wir feststellen, aus welchem Rohstoff ein Stoff besteht. Handelt es sich jedoch um eine Fasermischung, so kann uns die Brennprobe oft nicht weiterhelfen. Geben wir ein paar Tropfen Tinte oder Farbe auf einen Stoff, so kann man am Zerfließen erkennen, ob es sich um eine Fasermischung handelt.

Welche **Trage- und Pflegeeigenschaften** können wir prüfen?

▷ Wie ist die Beschaffenheit des Stoffes:
- Ist er hart, weich, fließend, rauh, glatt ...?

▷ Wie verhält sich der Stoff, wenn ich ihn beanspruche?
- Läßt er sich dehnen, leiert er aus, oder geht er in seine ursprüngliche Form zurück?
- Knittert er, wenn ich ihn zusammenknülle?
- Wie stabil sind die einzelnen Fäden, reißen sie leicht?

▷ Wie verhält sich mein Stoff gegenüber hohen Temperaturen:
- Kann ich ihn heiß bügeln?
- Kann ich ihn heiß waschen, behält er seine Form, oder läuft er ein?

▷ Wie verhält sich mein Stoff gegenüber Wasser und Feuchtigkeit:
- Nimmt er Wasser auf, oder wird es abgestoßen?

In Form eines Lernzirkels will unsere Klasse verschiedene Stoffproben mit vier einfachen Methoden prüfen.

Versuchsaufbau:
Vier Stationen werden aufgebaut, am besten in euerer Schulküche.
Bildet vier Gruppen. Jede Gruppe wählt aus der Restekiste einen Stoffrest aus, den sie untersuchen will.

Brennprobe:
Teelicht, Streichhölzer, Untersatz, Pinzette, Stoffprobe, Schüssel mit Wasser.

Bügelprobe:
Bügeleisen, Unterlage, Stoffprobe.

Waschprobe:
Topf mit Wasser und Waschmittel, Kochplatte, Zange, zwei genau gleichgroße Stoffproben. Eine Stoffprobe wird gekocht, die andere dient zum Vergleich. Legt ihr beide Stoffproben aufeinander, dann seht ihr, ob die gewaschene Probe eingelaufen ist.

Wasseraufnahme:
Gefärbtes Wasser, Stoffprobe.

Nähen will gekonnt sein

1. Wir schätzen unsere Fähigkeiten ein

Inzwischen haben die Schülerinnen und Schüler der Klasse 7 viel über Stoffe, deren Beschaffenheit und Eigenschaften erfahren.
Bis jetzt konnte sich die Klasse noch nicht einigen, was genäht werden soll.
Vor allem stellt sich die Frage: „Können wir mit unseren Fähigkeiten und Fertigkeiten ein T-Shirt, Shorts, einen Matchsack oder eine Schürze nähen?"

An mitgebrachten Mustern schauen sie nach, welche Nähtechniken jeweils notwendig sind und welche am schwierigsten auszuführen sind.

dehnbare Nähte, Bündchen annähen

einen runden Boden an einer geraden Kante einsetzen

runde und gerade Kanten rollieren

eine runde Naht (Kreuznaht) schließen

Die Klasse beschließt, die wichtigsten Nähtechniken auszuprobieren. Danach wollen sie sehen, ob sich bereits hier ein Nähgegenstand als zu schwierig erweist.
In einem Nähzirkel soll daher die schwierigste Nähtechnik jedes Nähgegenstandes ausgeführt werden.

So sah das Ergebnis in der Klasse aus.

Arbeits-probe	problem-los	schwierig	nicht bewältigt
T-Shirt	𝍷𝍷	𝍷𝍷𝍷𝍷	𝍸 𝍷𝍷
Matchsack	𝍷𝍷𝍷	𝍸	𝍸
Schürze	𝍸	𝍸	𝍷𝍷𝍷
Shorts	𝍸𝍷	𝍸𝍷	𝍷

2. Wir planen einen Nähzirkel und führen ihn durch

Im Nähzirkel soll für jeden Nähgegenstand eine typische Nähtechnik erprobt werden. Jede Schülerin und jeder Schüler soll diese in einer vorgegebenen Zeit nähen. Nach der Auswertung der Arbeit soll die Entscheidung für einen Nähgegenstand fallen. So sehen die zugeschnittenen Nähproben aus:

T-Shirt: Maschenware aus Baumwolle

Matchsack: fester Jeansstoff aus Baumwolle

Schürze: weißer oder bunter Stoff aus Baumwolle

Shorts: bunter Stoff aus Baumwolle

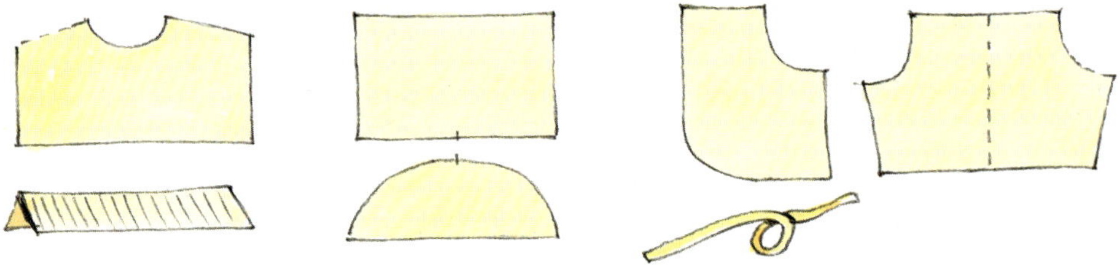

In einem Bewertungsbogen sind die auszuführenden Nähtechniken genau beschrieben. Die Schülerinnen und Schüler haben für jede Nähprobe 20 Minuten Zeit. Nach dieser Zeit müssen sie die Arbeit beenden und ihr persönliches Ergebnis im Bogen eintragen.

Fertigungstechniken	Beurteilung der Durchführung		
(Zeit pro Arbeitsprobe: 20 Minuten)	problemlos	schwierig	nicht bewältigt
T-Shirt: Doppeltes Bündchen an dehnbare Stoffkante mit Geradstich annähen. Nahtzugabe mit Zickzackstich versäubern.			
Matchsack: Den runden Boden mit einer geraden Kante durch Geradstich verbinden, Nahtzugabe mit Zickzackstich versäubern.			
Schürze: Gerade und runde Kante rollieren.			
Shorts: Teile mit Zickzackstich versäubern. Kreuznaht schließen. Ein Hosenbein säumen.			

Aufgaben:

1. *Plant selbst einen Nähzirkel. Überlegt, welche Nähtechniken für eure Näharbeiten besonders wichtig sind. Der Nähzirkel kann auch mehr oder weniger Stationen umfassen.*
2. *Stellt zusammen, welche Arbeitsgeräte notwendig sind.*
3. *Warum kann nicht jeder den Nähgegenstand nähen, der ihm am liebsten ist?*
4. *Versuche zu begründen, warum die Entscheidung in dieser Klasse vermutlich für die Shorts ausfällt.*

Wir nähen Shorts

1. Im Textilfachgeschäft: aussuchen – ausrechnen – einkaufen

Schnitte – selbst entwickeln oder kaufen?

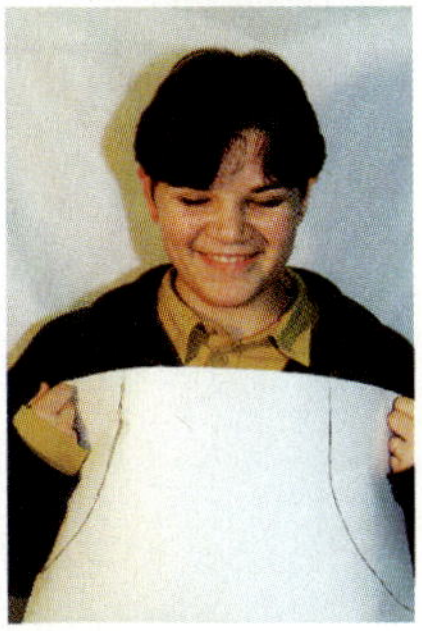

abformen

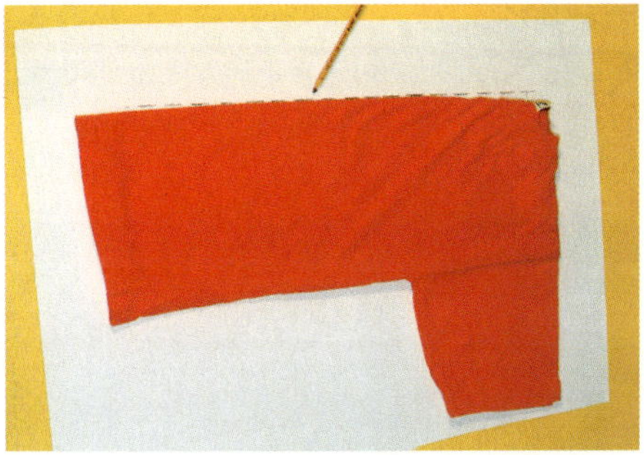

abzeichnen

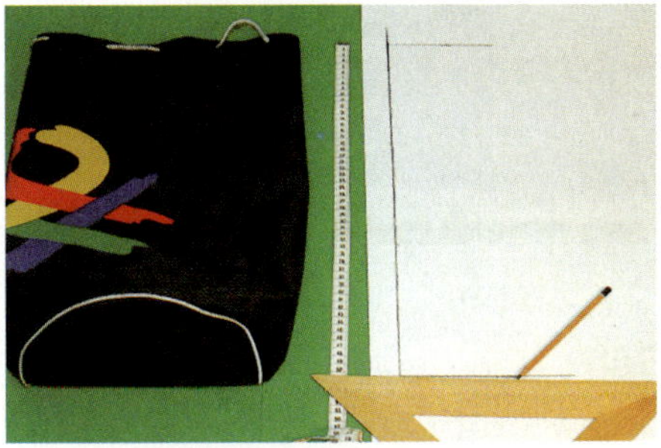

abmessen

Schnittmuster

Tips für die Schnittauswahl:
- Sag dem Verkaufspersonal, was du nähen möchtest.
- Suche in Schnittbüchern nach deinem Wunschmodell.
- Lies im Schnittbuch alle Informationen über Größenangaben, Materialangaben, Stoffverbrauch und Nähanleitung durch, bevor du den Schnitt kaufst.
- Laß dir von der Verkäuferin erklären, wie du den Schnitt ausschneiden mußt.

Sylvia, Jasmin und Marco entschließen sich für einen fertigen Schnitt. In einem Musterbuch findet Sylvia ein Modell, das ihr gefällt. Marco hat in einer Modezeitschrift ein passendes Modell gefunden. Die Verkäuferin hilft, die richtige Größe zu finden.

Als Faustregel gilt bei Kindern und Jugendlichen:
Körpergröße = Kleidergröße
Die gängigen Größen für Jugendliche sind: 140 – 152 – 164 – 176 – 188

Größentabellen

Größe	Oberweite	Taille	Hüftweite
140	68 cm	61 cm	74 cm
152	76 cm	65 cm	82 cm
164	84 cm	69 cm	90 cm
176	92 cm	73 cm	98 cm

So wird richtig gemessen:

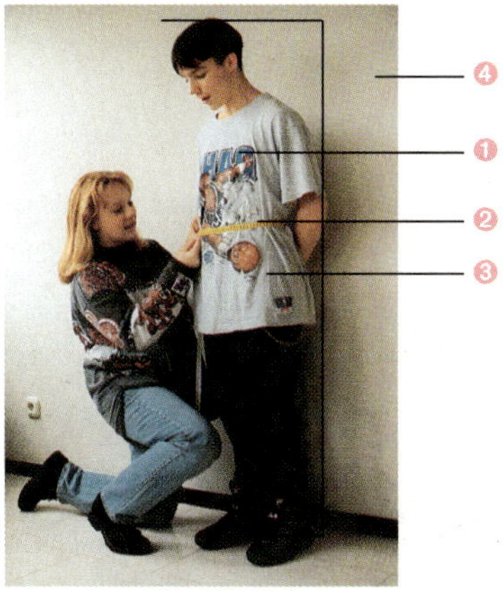

1 Oberweite
2 Taille
3 Hüftweite
4 Körpergröße

Aufgaben:
1. *Entscheide, welche Art der Schnittgewinnung für deinen Nähgegenstand geeignet ist.*
2. *Stelle deine Körpergröße fest und entscheide, welche Kleidergröße du brauchst.*

So sehen die Schnitteile aus:

Vorderes Hosenteil
Suchnummer 1

Hinteres Hosenteil
Suchnummer 2

2. Schnitte lesen und verstehen

In Schnittmusterheften sind immer mehrere Modelle auf einem Schnittbogen aufgezeichnet. Das ist sehr verwirrend. Deshalb mußt du wissen, wie du den richtigen Schnitt findest.

1. Markierungszeichen deines Schnittes suchen. Dabei helfen dir die angegebenen Suchnummern.
2. Den Schnitt kräftig mit Farbe umfahren, damit er leicht sichtbar ist.

Suchnummern 2 5 18 1 20

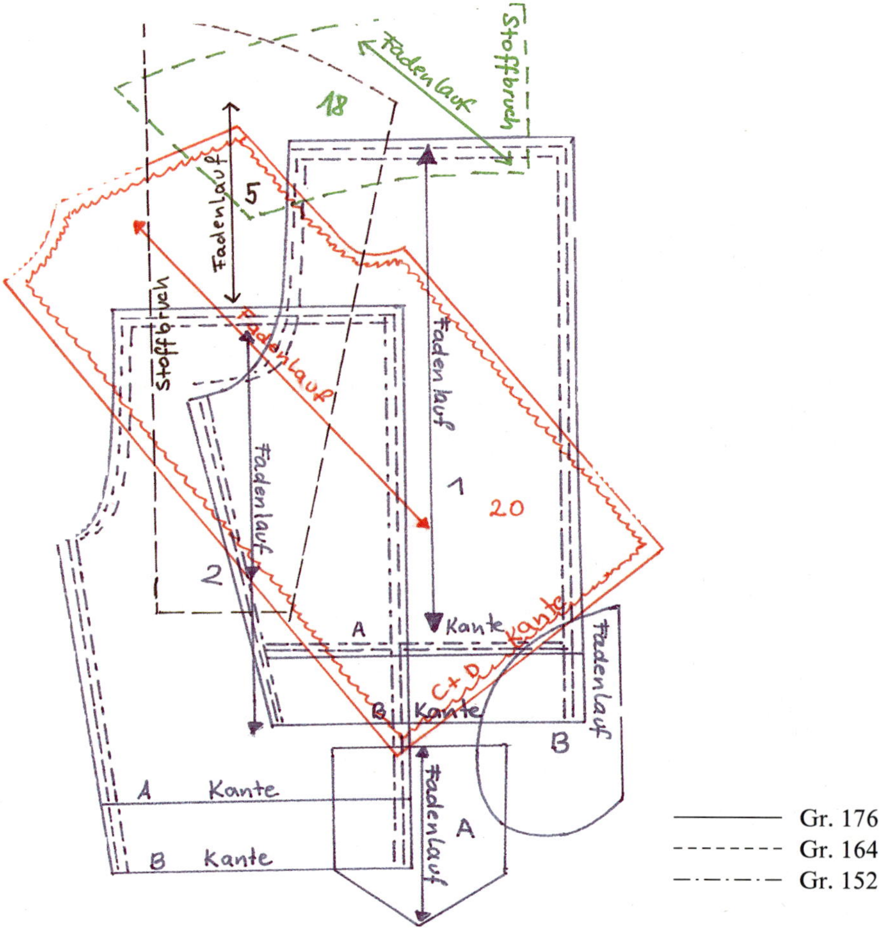

Wichtig:
- Der Fadenlauf ist immer parallel zur Webkante.
- Er wird im Schnittmuster durch einen Pfeil angezeigt.

Tip:
In jedem Schnittmuster findest du genaue Hinweise, wie du den richtigen Schnitt finden, markieren und herauskopieren kannst.

Aufgaben:

1. *Suche die Schnitteile der Hose in Größe 164 mit Hilfe der Suchnummern.*
2. *Was bedeutet A-Kante oder B-Kante?*
3. *Suche den Pfeil, der den Fadenlauf anzeigt.*

3. Stoffe auswählen und berechnen

Im Textilfachgeschäft ist das Angebot an Stoffen groß. Sie unterscheiden sich nicht nur in Materialzusammensetzung und Musterung, sondern auch in der Stoffbreite.
Die gängigsten **Stoffbreiten** sind **140 cm** breit und **90 cm** breit.
Aus dem Angebot können Sylvia, Jasmin und Marco auswählen.

In Schnittmusterbögen findest du Angaben zum Stoffverbrauch für dein Modell:

Modell	Stoffbreiten	Größe 140	Größe 152	Größe 164	Größe 176
lange Hose	0,90 m 1,40 m	2,05 m 1,20 m	2,15 m 1,30 m	2,35 m 1,45 m	2,50 m 1,55 m
Bermudas	0,90 m 1,40 m	1,10 m 0,60 m	1,20 m 0,70 m	1,30 m 0,85 m	1,40 m 0,95 m
Shorts	0,90 m 1,40 m	0,90 m 0,50 m	1,00 m 0,60 m	1,15 m 0,75 m	1,25 m 0,85 m

Aufgaben:

1. Welchen Stoff würdest du für die Shorts oder Bermudas auswählen?

2. Lies in der Tabelle ab, wieviel Stoff du für das gewählte Modell in deiner Größe benötigst bei
a) 140 cm Stoffbreite,
b) 90 cm Stoffbreite.

4. Zuschneiden und Nähen

Zuschneiden:
Den Schnitt stoffsparend auflegen, feststecken Schnittkanten anzeichnen

Auf einseitige Muster achten
Schnitteile in einer Richtung auflegen

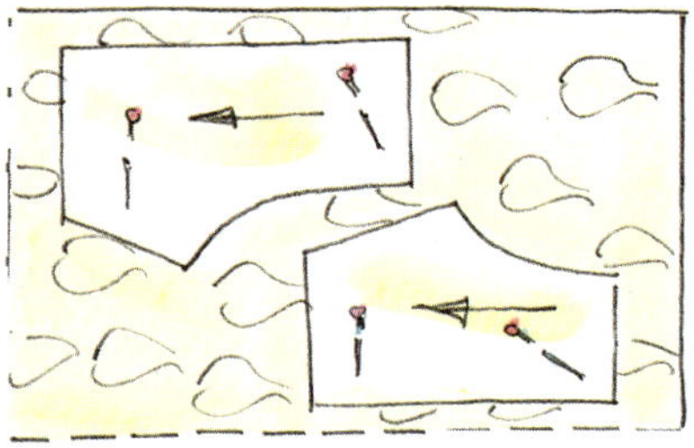

Stoffbreite 90 cm

Stoffbreite 140 cm

Schnitteile mit Buchstaben kennzeichnen, damit sie beim Nähen nicht verwechselt werden

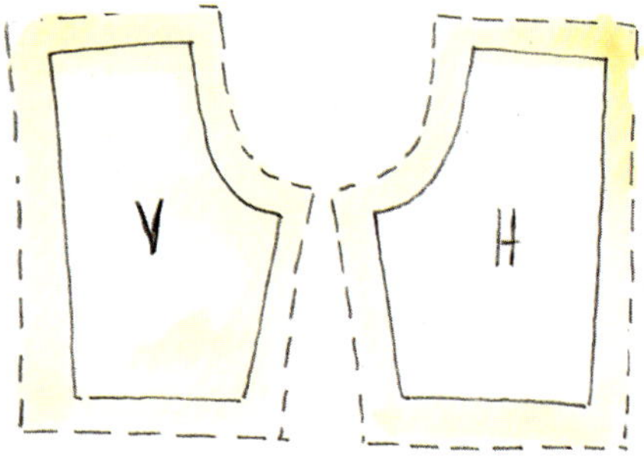

Nahtzugaben anzeichnen

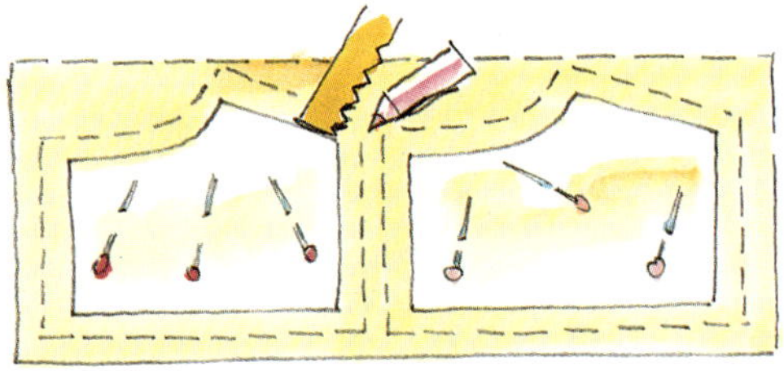

Schnitt abnehmen ausschneiden

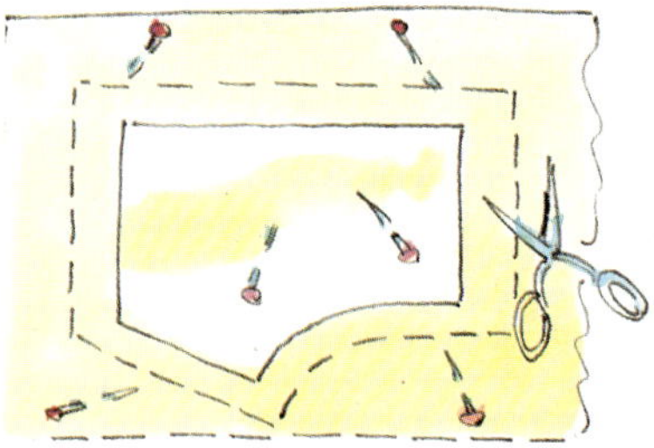

Für Säume und Durchzüge:
Geradstich

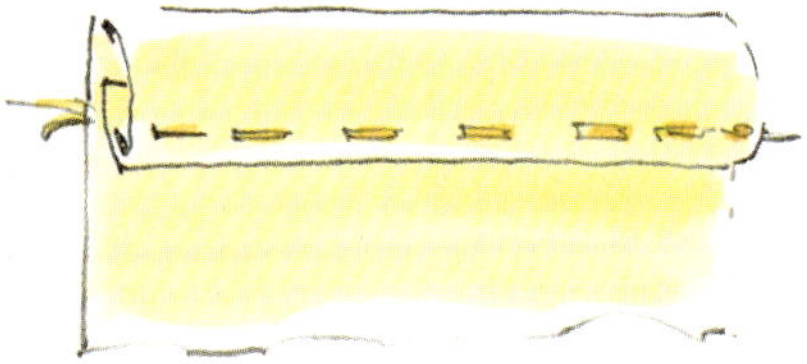

Nähen: Nähtechniken festlegen
Zum Versäubern der Seitennähte:
Zickzackstich

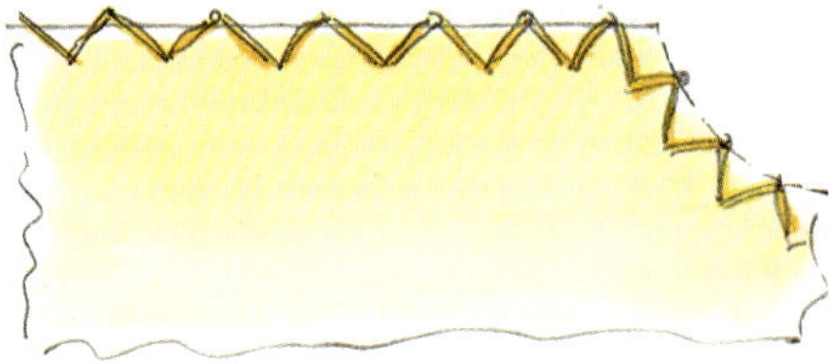

Zum Schließen der Nähte:
Geradstich

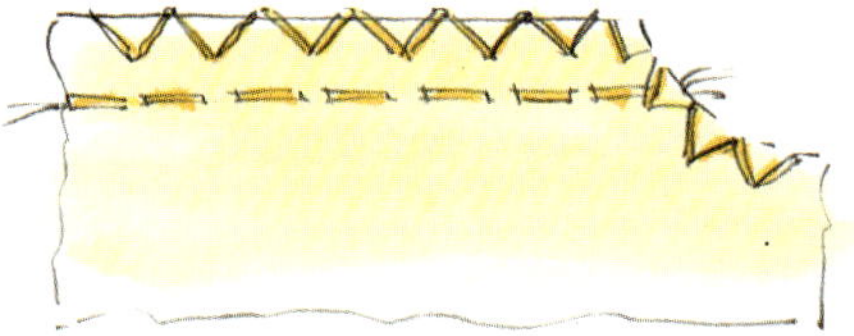

5. Unser Arbeitsplan

Zuschneiden	**Heften**
Stoff in doppelter Stofflage (Vorderseite auf Vorderseite) legen 	äußere Seitennähte von Vorder- und Rückenteilen (Vorderseite auf Vorderseite) zusammenlegen, stecken, mit Vorstich heften 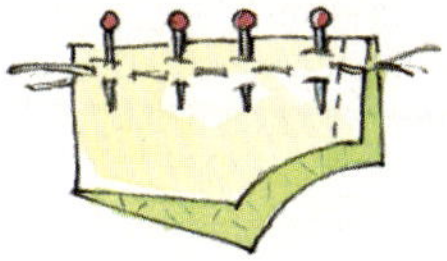
Schnitteile stoffsparend im Fadenlauf auflegen, zwischen den Schnitteilen genügend Stoff für die Nahtzugaben frei lassen 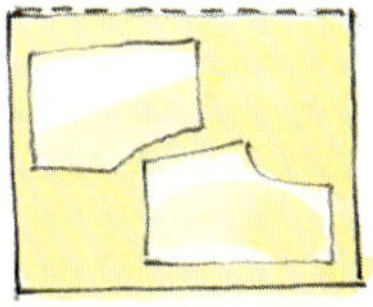	die inneren Beinnähte der Vorder- und Rückenteile mit Vorstich heften (1,5 cm Nahtzugabe) 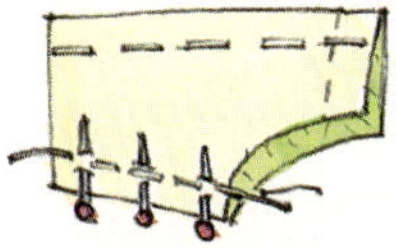
Schnitteile mit Stecknadeln feststekken 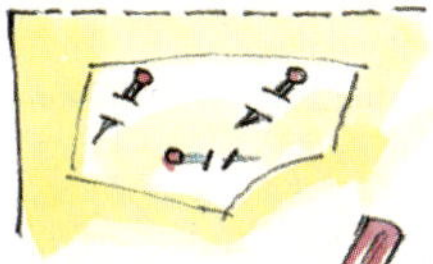	ein Hosenbein umdrehen, in das andere Hosenbein stülpen, so daß der Stoff nun wieder Vorderseite auf Vorderseite liegt, stecken 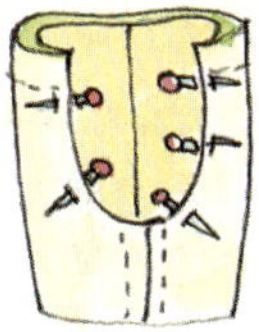
Schnittkanten mit Kreide, Bleistift oder Seife aufzeichnen (Seife zeichnet gut und verschwindet beim Waschen vollständig.) 	beide Hosenbeine an der Kreuznaht mit Vorstich zusammenheften (Nahtzugabe 1,0 cm) 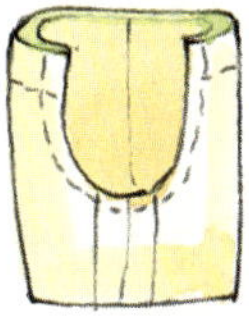
alle Nahtzugaben anzeichnen 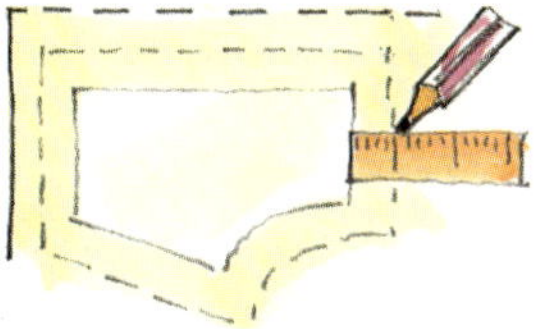	Hose umdrehen und anprobieren; Hose evtl. an der Taille mit einem Gummiband fixieren, damit sie nicht rutscht 
alle Teile ausschneiden Schnitteile abnehmen 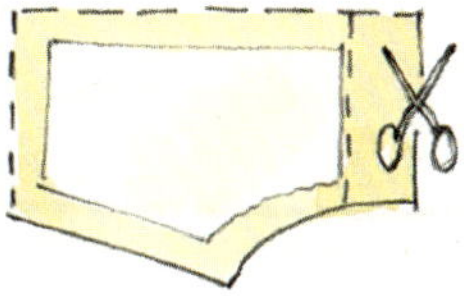	Änderungen abstecken 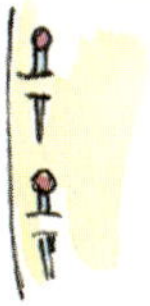
Stoffteile bezeichnen, z.B. ein V auf die Vorderhosen, ein H auf die Hinterhosen, damit du die Teile beim Nähen nicht verwechselst 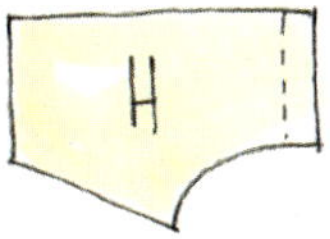	

Nähen

Hose vollständig auseinandertrennen

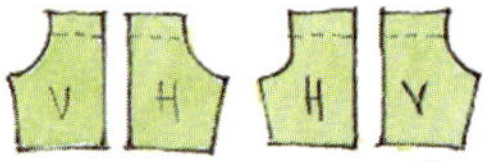

etwaige Änderungen anzeichnen

neue Nahtzugaben einzeichnen, evtl. Stoff beschneiden

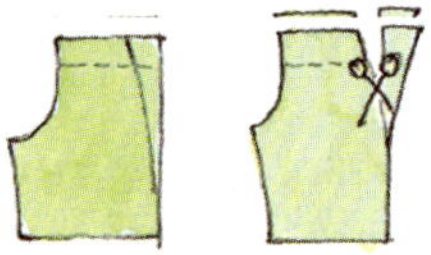

alle Hosenteile mit Zickzackstich versäubern, außer an der unteren Beinkante

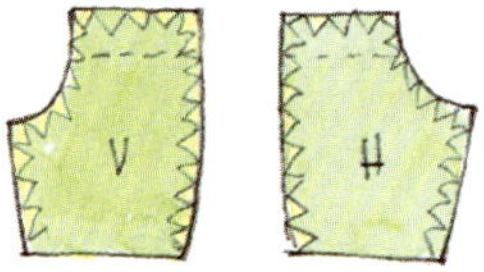

alle Hosenteile glatt bügeln, dann kannst du besser weiterarbeiten

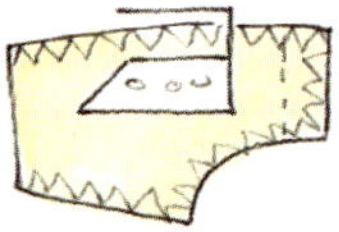

jeweils ein Vorder- und ein Rückenteil (Vorderseite auf Vorderseite) aufeinanderlegen

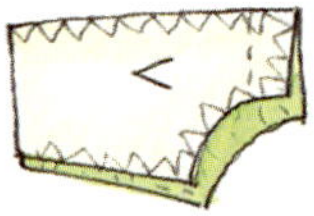

äußere Beinnähte stecken

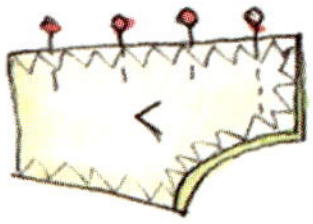

äußere Beinnähte mit Geradstich zusammennähen
(Nahtbreite 1,0–1,5 cm)

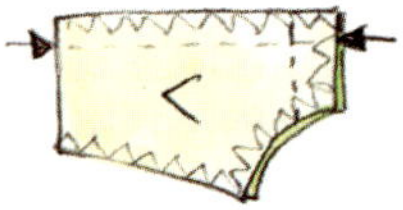

Nahtzugabe auseinanderbügeln

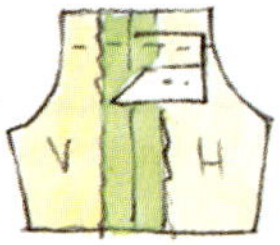

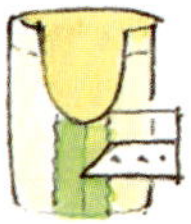

innere Beinnähte stecken, nähen, bügeln (Nahtbreite 1,5 cm)

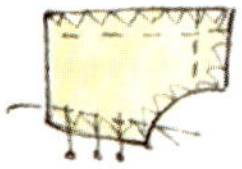

Hosenteile Vorderseite auf Vorderseite ineinanderziehen; Kreuznaht schließen, vorne an der Saumkante enden

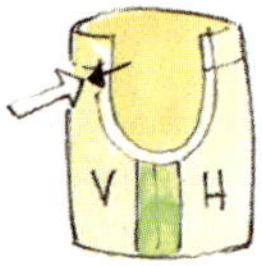

Saumzugabe der oberen Hosenkante 5,5 cm nach innen schlagen, mit Stecknadeln feststecken, heften, Kante bügeln

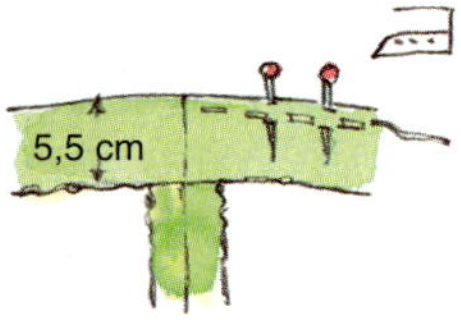

1,0 cm Zugabe an der unteren Kante einschlagen, mit Stecknadeln feststecken, heften (fertige Saumbreite 4,5 cm)

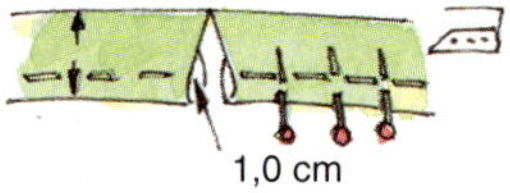

obere und untere Hosenkante feststeppen, bügeln

drei Tunnel im Abstand von je 1,5 cm anzeichnen, absteppen

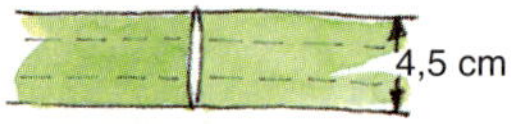

drei Gummibänder abmessen: Gummiband um Taille legen, leicht dehnen, abschneiden; Gummibänder in die Tunnel einziehen, Enden von Hand zusammennähen

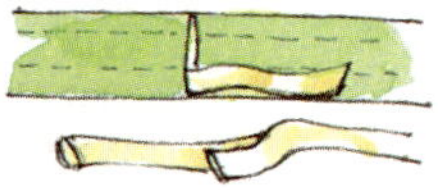

Hosenbeinsäume 0,5 cm breit umbügeln, 2,0 cm breit einschlagen und schmalkantig absteppen; Saum ausbügeln

die ganze Hose bügeln; auf die richtige Bügeltemperatur achten

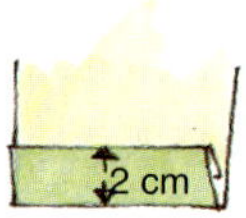

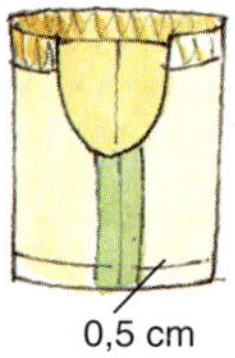

6. Stimmungen – Meinungen – Erfahrungen

Zum Abschluß möchten die Schülerinnen und Schüler über ihre Erfahrungen bei der Näharbeit sprechen.
Die Meinungen der Schülerinnen und Schüler:

„Ich weiß nun einiges über Stoffe, deren Eigenschaften und kann dies beim Einkauf anwenden.“

„Nun kann ich Hosen aus ganz besonderen Stoffen nähen, die nicht jeder hat.“

„Ich bin stolz auf meine selbstgenähte Hose, aber ich brauche noch etwas Übung!“

„Wenn ich ein Kleidungsstück kaufe, weiß ich nun, welche Erwartungen ich an den Stoff stellen muß.“

„Ich hatte riesige Probleme und werde nie mehr eine Hose nähen.“

„Ich kann mir eine „Wunschhose“ nähen, und dabei noch Geld sparen – für meine gekaufte habe ich mehr bezahlt.“

„Es ist toll, daß ich selbst ein Kleidungsstück nähen kann – auch wenn es mühsam ist.“

„Man kann bei einer selbstgenähten Hose eigene Gestaltungsideen verwirklichen.“

Aufgaben:

1. *Welche Erfahrungen habt ihr mit euerer Näharbeit gemacht?*
2. *Wie beurteilt ihr die Aussagen der Schülerinnen und Schüler?*

Sylvia und Jasmin kaufen Sportkleidung ein

Sylvia und Jasmin spielen Handball und brauchen dringend neue Sportkleidung.
Im Sportgeschäft ist das Angebot groß, so daß die Wahl schwerfällt.
Um die Auswahl zu erleichtern, überlegen sich Sylvia und Jasmin, was ihnen wichtig ist bzw. was sie auf keinen Fall möchten:

Das ist uns bei unserer Sportkleidung wichtig:
Sie soll …
- schicke Farben oder ein flottes Muster haben
- beim Schwitzen Feuchtigkeit aufnehmen
- stabil und reißfest sein, damit sie auch Stürze übersteht
- weit geschnitten sein, damit sie bequem ist
- gut waschbar sein, weil sie oft verschwitzt und schmutzig ist
- möglichst nicht gebügelt werden müssen, weil wir sie oft waschen
- nicht zu teuer sein

Das möchten wir auf keinen Fall:
Sportkleidung, die …
- beim Waschen einläuft oder die Form verliert
- nicht gewaschen werden kann
- teuer ist, weil wir den Markennamen mitbezahlen müssen

Für welche Sporthose werden sich Sylvia oder Jasmin entscheiden?

Rohstoffgehaltsangabe:
100% Polyamid
Material: 100% polyamid

Rohstoffgehaltsangabe:
100% Polyester
Material: 100% polyester

Rohstoffgehaltsangabe:
100% Baumwolle
Material: 100% cotton

Aufgaben:

1. *Welche Angaben geben dir Aufschluß über die Pflege der Sporthose.*
2. *Woraus kannst du Hinweise über die Trageeigenschaften der Sporthose entnehmen?*
3. *Welche Anforderungen würdest du an Sportkleidung stellen?*
4. *Wie würdest du dich entscheiden?*

Rezeptteil

Worauf du in der Küche achten mußt

Arbeitsplanung

- Rezepte zuerst ganz durchlesen
- Arbeitsschritte festlegen
- Zeitplan aufstellen
- Arbeitsgeräte bereitstellen
- Alle Zutaten abwiegen oder abmessen
- Arbeitsplatz ständig sauber halten

Hygiene und Sicherheit

bevor du beginnst:
- störenden Schmuck ablegen
- Haare zurückbinden
- Schürze anziehen
- Hände waschen

während der Arbeit:
- Arbeitsflächen sauber halten und
- nicht als Sitzflächen mißbrauchen
- Hygieneregeln S. 19 und 20 beachten

danach:
- gebrauchte Geräte reinigen und aufräumen
- Küche säubern

- Vorsicht beim Gebrauch der Schneidegeräte!
- Auf den Boden gefallene Speisereste oder Wasser sofort entfernen. Rutschgefahr!
- Gerätestecker gleich nach Gebrauch des Geräts aus der Steckdose ziehen!

Maße und Abkürzungen

Abwiegen und Abmessen mit Waage und Meßbecher

1 kg	=	1000 g
1 l	=	1000 ml (Milliliter)
1 l	=	1000 ccm (Kubikzentimeter)
1/2 l	=	500 ml oder 500 ccm
1/8 l	=	125 ml

mit dem Löffel (= Löffelmaße)

1 gestrichener EL	Mehl, Stärke, Zucker, Öl	15 g
1 gestrichener TL	Salz, Zucker, Backpulver	5 g

durch Teilen, z. B. Butter

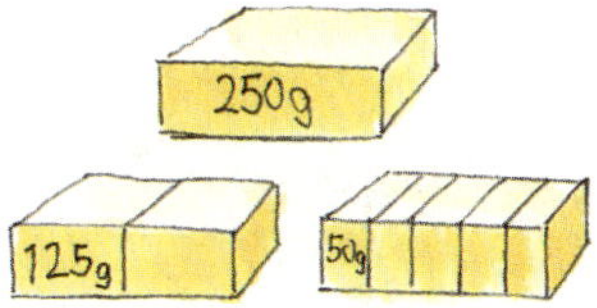

Wenn du eine Waage verwendest, dann achte darauf, daß der Zeiger bei leerer Waage auf 0 (Null) steht.

Abkürzungen:

EL	=	Eßlöffel
TL	=	Teelöffel
Msp.	=	Messerspitze
Pr.	=	Prise
ca.	=	circa = ungefähr
TK.	=	Tiefkühl

Hinweis: Rezepte, die du in Kochbüchern oder Zeitschriften und in diesem Buch findest, sind in der Regel für 4 Personen berechnet.

Saisonkalender für Gemüse und Salat

Nahrungsmittel, die in unserer nächsten Umgebung wachsen – wann werden sie frisch angeboten?

Name	Hauptangebot												Vorbereitung
	J	F	M	A	M	J	J	A	S	O	N	D	
Blumenkohl/ Brokkoli							o	o	o	o	o		Äußere Blätter entfernen, waschen, in kleine Röschen teilen
Feldsalat	o	o								o	o	o	Würzelchen und unschöne Blätter entfernen, waschen, Blatt-Rosetten unzerteilt verwenden
Gurken						o	o	o	o	o			Waschen, evtl. schälen, reiben oder in Scheiben oder Würfel schneiden
Kohlrabi				o	o	o	o						Blätter entfernen, schälen, raspeln oder in feine Stifte schneiden
Kopfsalat					o	o	o	o	o				Blätter ablösen, gründlich waschen, abtropfen, in mundgerechte Stücke zerpflücken
Lauch	o	o					o	o	o	o	o	o	Harte Blattenden entfernen, halbieren, waschen, in 1/2 bis 1 cm breite Streifen schneiden
Möhren (Karotten)					o	o	o	o	o	o			Gründlich waschen und bürsten oder schälen, raspeln, in Stifte oder Scheiben schneiden
Rettich/ Radieschen				o	o	o	o	o	o	o			Gründlich waschen und bürsten oder schälen, reiben, raspeln oder in Scheiben schneiden
Rosenkohl	o	o							o	o	o	o	In Röschen teilen, waschen, für Rohkost in sehr feine Streifen schneiden
Sellerie								o	o	o	o	o	Braune Schale abschneiden, waschen, für Rohkost raspeln oder in feine Stifte schneiden
Tomaten							o	o	o				Waschen, evtl. häuten, in Scheiben oder Achtel schneiden
Weißkohl/ Rotkohl	o	o					o	o	o	o	o	o	Äußere Blätter entfernen, Kopf halbieren, Strunk herausschneiden, hobeln oder in Streifen schneiden
	J	F	M	A	M	J	J	A	S	O	N	D	

Saisonkalender für Obst

Nahrungsmittel, die in unserer nächsten Umgebung wachsen – wann werden sie frisch angeboten?

Name	Hauptangebot												Vorbereitung
	J	F	M	A	M	J	J	A	S	O	N	D	
Äpfel	o	o	o					o	o	o	o	o	Waschen, evtl. schälen, Kernhaus entfernen
Aprikosen/ Pfirsiche							o	o	o				Gründlich waschen, halbieren, Stein entfernen
Birnen	o	o	o					o	o	o	o	o	Waschen, halbieren, Kernhaus entfernen
Brombeeren							o	o	o	o			Vorsichtig in stehendem Wasser waschen, nicht drücken
Erdbeeren					o	o	o	o	o				Mit dem grünen Blütenkelch waschen, Kelch entfernen
Himbeeren						o	o	o	o				Vorsichtig in stehendem Wasser waschen, nicht drücken
Johannis-beeren						o	o	o					Waschen, Stiel entfernen
Kirschen					o	o	o	o					Waschen, zum Weiterverarbeiten entsteinen
Pflaumen							o	o	o	o			Waschen (halbieren), entsteinen
Quitten									o	o	o	o	Waschen, in Achtel teilen, Kernhaus entfernen, dünsten
Stachelbeeren						o	o	o					Waschen, Stiel und Blütenreste entfernen
Weintrauben								o	o	o	o		Waschen, Beeren abtrennen, evtl. halbieren, Kerne entfernen
	J	F	M	A	M	J	J	A	S	O	N	D	

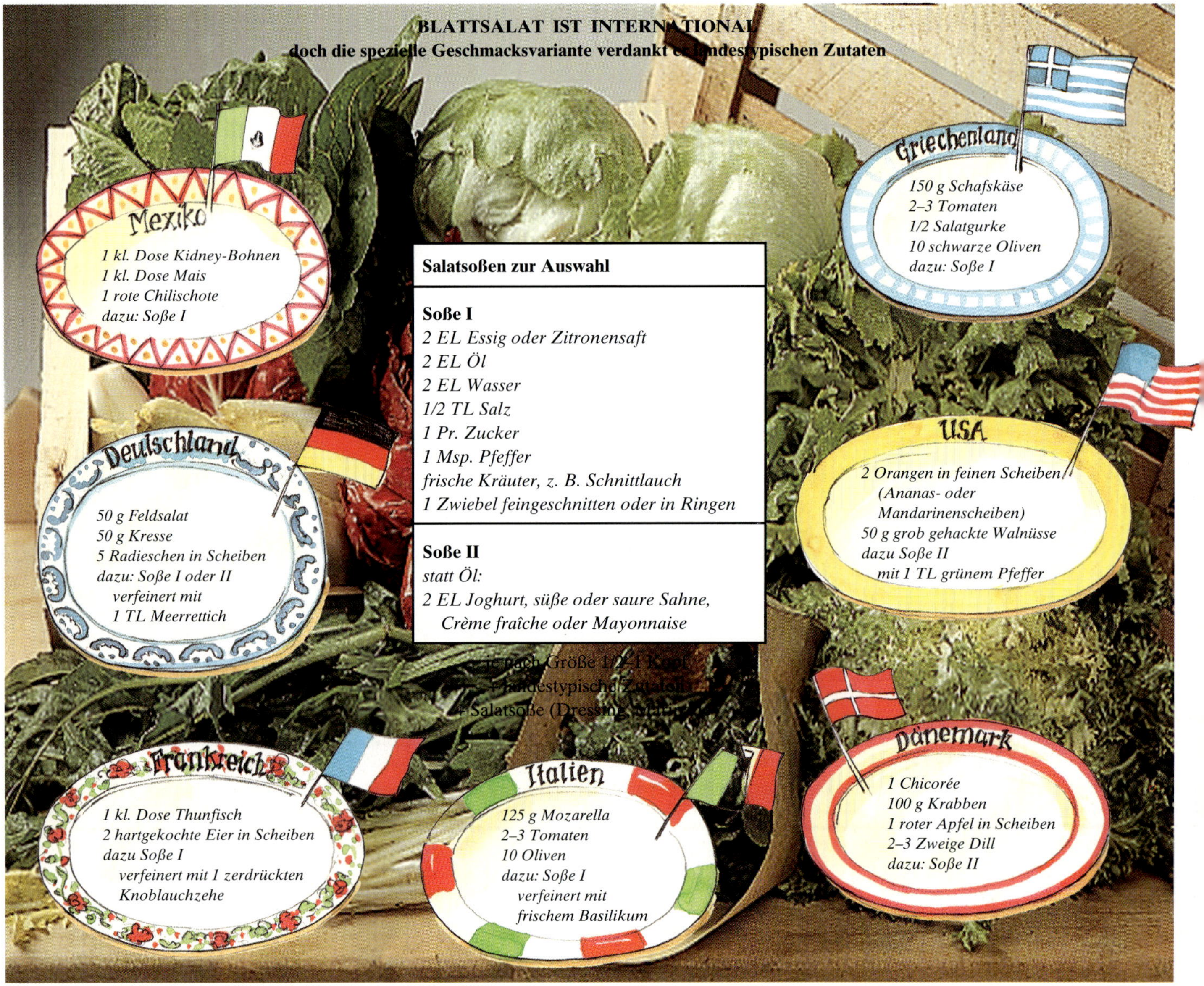
BLATTSALAT IST INTERNATIONAL
doch die spezielle Geschmacksvariante verdankt er landestypischen Zutaten
Mexiko
1 kl. Dose Kidney-Bohnen
1 kl. Dose Mais
1 rote Chilischote
dazu: Soße I
Griechenland
150 g Schafskäse
2–3 Tomaten
1/2 Salatgurke
10 schwarze Oliven
dazu: Soße I
Salatsoßen zur Auswahl
Soße I
2 EL Essig oder Zitronensaft
2 EL Öl
2 EL Wasser
1/2 TL Salz
1 Pr. Zucker
1 Msp. Pfeffer
frische Kräuter, z. B. Schnittlauch
1 Zwiebel feingeschnitten oder in Ringen
Soße II
statt Öl:
2 EL Joghurt, süße oder saure Sahne,
Crème fraîche oder Mayonnaise
Deutschland
50 g Feldsalat
50 g Kresse
5 Radieschen in Scheiben
dazu: Soße I oder II
verfeinert mit
1 TL Meerrettich
USA
2 Orangen in feinen Scheiben
(Ananas- oder
Mandarinenscheiben)
50 g grob gehackte Walnüsse
dazu Soße II
mit 1 TL grünem Pfeffer
Frankreich
1 kl. Dose Thunfisch
2 hartgekochte Eier in Scheiben
dazu Soße I
verfeinert mit 1 zerdrückten
Knoblauchzehe
Italien
125 g Mozarella
2–3 Tomaten
10 Oliven
dazu: Soße I
verfeinert mit
frischem Basilikum
Dänemark
1 Chicorée
100 g Krabben
1 roter Apfel in Scheiben
2–3 Zweige Dill
dazu: Soße II

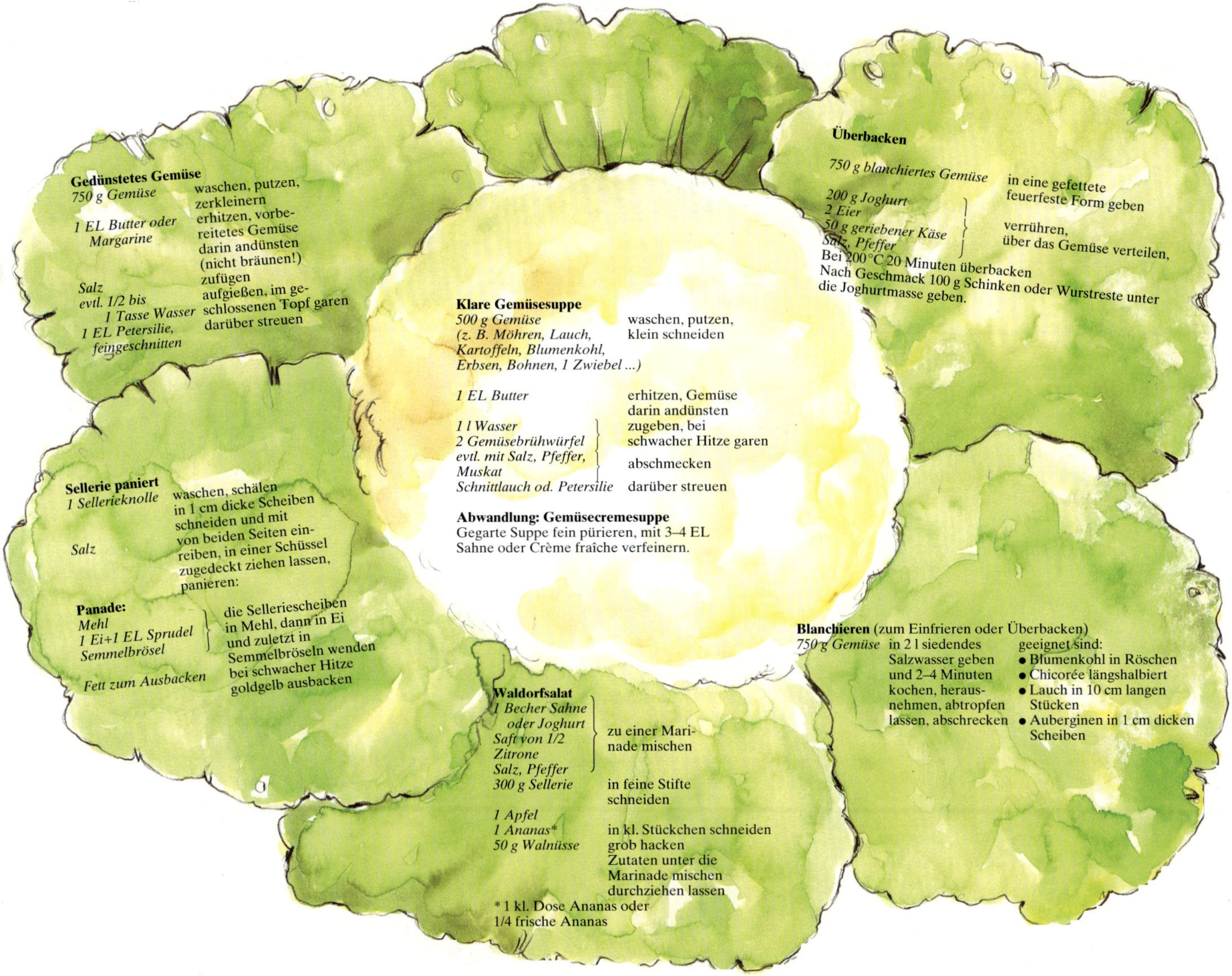

Gedünstetes Gemüse

750 g Gemüse	waschen, putzen, zerkleinern
1 EL Butter oder Margarine	erhitzen, vorbereitetes Gemüse darin andünsten (nicht bräunen!)
Salz	zufügen
evtl. 1/2 bis 1 Tasse Wasser	aufgießen, im geschlossenen Topf garen
1 EL Petersilie, feingeschnitten	darüber streuen

Überbacken

750 g blanchiertes Gemüse	in eine gefettete feuerfeste Form geben
200 g Joghurt *2 Eier* *50 g geriebener Käse* *Salz, Pfeffer*	verrühren, über das Gemüse verteilen,

Bei 200 °C 20 Minuten überbacken
Nach Geschmack 100 g Schinken oder Wurstreste unter die Joghurtmasse geben.

Klare Gemüsesuppe

500 g Gemüse (z. B. Möhren, Lauch, Kartoffeln, Blumenkohl, Erbsen, Bohnen, 1 Zwiebel ...)	waschen, putzen, klein schneiden
1 EL Butter	erhitzen, Gemüse darin andünsten
1 l Wasser *2 Gemüsebrühwürfel*	zugeben, bei schwacher Hitze garen
evtl. mit Salz, Pfeffer, Muskat	abschmecken
Schnittlauch od. Petersilie	darüber streuen

Abwandlung: Gemüsecremesuppe
Gegarte Suppe fein pürieren, mit 3–4 EL Sahne oder Crème fraîche verfeinern.

Sellerie paniert

1 Sellerieknolle	waschen, schälen in 1 cm dicke Scheiben schneiden und mit
Salz	von beiden Seiten einreiben, in einer Schüssel zugedeckt ziehen lassen, panieren:
Panade: *Mehl* *1 Ei+1 EL Sprudel* *Semmelbrösel*	die Selleriescheiben in Mehl, dann in Ei und zuletzt in Semmelbröseln wenden
Fett zum Ausbacken	bei schwacher Hitze goldgelb ausbacken

Blanchieren (zum Einfrieren oder Überbacken)

750 g Gemüse	in 2 l siedendes Salzwasser geben und 2–4 Minuten kochen, herausnehmen, abtropfen lassen, abschrecken	geeignet sind: • Blumenkohl in Röschen • Chicorée längshalbiert • Lauch in 10 cm langen Stücken • Auberginen in 1 cm dicken Scheiben

Waldorfsalat

1 Becher Sahne oder Joghurt *Saft von 1/2 Zitrone* *Salz, Pfeffer*	zu einer Marinade mischen
300 g Sellerie	in feine Stifte schneiden
1 Apfel *1 Ananas**	in kl. Stückchen schneiden
50 g Walnüsse	grob hacken Zutaten unter die Marinade mischen durchziehen lassen

* 1 kl. Dose Ananas oder 1/4 frische Ananas

Grundzubereitung: Teigwaren

2 l Wasser *1 TL Salz* *1 TL Öl*	zum Kochen bringen
250 g Nudeln	in das kochende Wasser geben.

Bei schwacher Hitze, je nach Nudelsorte 10–15 Minuten garen.
Nudeln in einem Sieb abgießen, kurz mit Wasser abschrecken.

Sahnesoße mit Schinken und Erbsen

1 Becher Sahne (200 ml) *50 g Parmesan*	erhitzen
200 g Schinken in Würfeln *1 Tasse Erbsen*	zur Sahnesoße geben
Salz, Pfeffer	abschmecken

Nach Wunsch mit frischen Kräutern wie Petersilie, Schnittlauch oder Basilikum bestreuen.

Spätzle (Grundrezept)

3 Eier *1 TL Salz* *1/8 l Wasser*	mischen
250 g Mehl	langsam zugeben.

Teig mit einem Rührlöffel kräftig schlagen, bis er glatt ist und Blasen bildet.

2 l Wasser *1 TL Salz* *1 TL Öl*	zum Kochen bringen

Teig portionsweise durch die Spätzlepresse drücken
Spätzle ziehen lassen, bis sie an der Oberfläche schwimmen. Herausnehmen, in ein Sieb geben, abschrecken

Abwandlung: Kässpätzle

100 g geriebener Käse	schichtweise zwischen die heißen Spätzle geben

Käsesoße

1 Zwiebel	fein schneiden
20 g Butter	erhitzen (nicht bräunen), Zwiebeln andünsten
1/4 l Milch *1/8 l Brühe*	zufügen und erwärmen
200 g Frischkäse	einrühren, bis er schmilzt
1 Eigelb	mit etwas Soße in einer Tasse anrühren, zur Soße geben, nicht mehr kochen.
1 EL Kräuter *1 TL Zitronensaft*	abschmecken

Nudelauflauf

250 g Nudeln	garen, abtropfen lassen
100 g gekochter Schinken	würfeln
1 rote Paprikaschote *oder*	waschen, entkernen, in Streifen schneiden
1/2 Stange Lauch	waschen, in Streifen schneiden
100 g Hartkäse	reiben

Alle Zutaten abwechselnd in eine gefettete feuerfeste Form schichten.

1 Becher saure oder süße Sahne *1 Ei* *Salz, Pfeffer, Muskat*	verquirlen und über den Nudelauflauf gießen.

Backen: 40–45 Minuten bei 200° C (⊛ 180° C)

Die tolle Knolle

Wichtige Hinweise
für die Vor- und Zubereitung

Vorbereitung:
1. gründlich waschen
2. „Augen" und Keime entfernen
3. grüne Stellen vollständig wegschneiden.

Alle grünen Teile der Kartoffel sind giftig!

Pellkartoffeln

800 g Kartoffeln	gründlich waschen, evtl. bürsten.
1/4 l Wasser	im Dampfdrucktopf erhitzen, Kartoffeln im gelochten Einsatz zugeben. 12–15 Min. garen.

Garprobe: Die Spitze eines Küchenmessers muß leicht in die Kartoffel eindringen.

so wird's gemacht:

schälen	servieren
Dreizack	vorgewärmte Schüssel

Salzkartoffeln

800 g Kartoffeln	waschen, schälen, in gleich große Stücke schneiden.
1/4 l–1/2 l Wasser	zum Kochen bringen, Kartoffeln zugeben. Ca. 20 Minuten garen. Kartoffeln abdampfen.

So wird abgedampft:
Wasser abgießen und Deckel wieder aufsetzen.
Kartoffeln ein- bis zweimal aufschütteln.
Deckel abnehmen, damit Restflüssigkeit verdampft.
Sofort servieren.

Kartoffelbrei: siehe S. 43

Kartoffelgratin

1 TL Butter	feuerfeste Form damit ausfetten
600 g Kartoffeln	waschen, schälen, in feine Scheiben schneiden, in die feuerfeste Form schichten
1/8 l Milch *1 Ei* *1 TL Salz* *1 Msp. Pfeffer*	mischen und über die Kartoffeln gießen
50 g ger. Käse	darüber streuen

Backofen: Ca. 45 Minuten bei 175 °C.

Sorten:

Abwandlung: Petersilienkartoffeln

1 Bund Petersilie	waschen, fein schneiden.
1 EL Butter	Petersilie darin andünsten. Kartoffeln zugeben und kurz schwenken.

Langkornreissorten:
Naturreis („Braunreis“)
vitamin- und mineralstoffreich

parboiled Reis
besondere Behandlung zur Erhaltung der Vitamine

polierter Reis („Weißreis“)
ist geschält, vitaminarm

Langkornreis kocht körnig als Beilage.

Rundkornreis kocht breiig für Süßspeisen.

Grundrezept: Gedünsteter Reis (Risotto)

4 Zwiebeln	schälen, würfeln
1 EL Butter oder Margarine	erhitzen, die Zwiebel darin andünsten
2 Tassen Reis	zufügen, glasig dünsten,
4 Tassen Wasser	angießen, zum Kochen bringen
1 Brühwürfel	zugeben, zugedeckt bei schwacher Hitze ca. 20 Min. garquellen lassen

Grundrezept: Brühreis

4 Tassen Wasser	zum Kochen bringen
1 TL Salz	
2 Tassen Reis	einstreuen, bei kleiner Hitze 20 Min. garquellen lassen

Grundrezept: Milchreis

1 l Milch *1 Pr. Salz* *1 EL Zucker*	zum Kochen bringen
250 g Rundkornreis	einstreuen, einmal aufkochen, zugedeckt bei schwacher Hitze ca. 20 Min. garquellen lassen

Verfeinerung:

1 TL Zimt *1 EL Zucker*	mischen und über den warmen Reis streuen

Djuvec-Reis

2 Zwiebeln	würfeln
1 rote Paprika *1 grüne Paprika*	waschen, entkernen, würfeln
4 EL Öl	erhitzen, Gemüse andünsten
1 Tasse Reis	mitdünsten (glasig)
1 Tasse Wasser	aufgießen
1 TL Salz *1 Msp. Pfeffer*	würzen, einmal aufkochen

20–25 Min. garquellen lassen

Asiatischer Reis

4 Tassen Wasser *1 TL Salz*	zum Kochen bringen
2 Tassen Reis *125 g Kokosraspeln* *1 Msp. Muskat* *1 TL Zitronenschale*	in das Wasser einstreuen, einmal aufkochen, 20–25 Min. garquellen
Minze oder Zitronenmelisse	zum Garnieren

Reisauflauf

Grundrezept Milchreis	herstellen, abkühlen lassen
500 g Früchte	eßfertig vorbereiten
2 Eigelb	unter den Milchreis rühren
2 Eiklar	zu Schnee schlagen und vorsichtig unter den Reis heben

Eine feuerfeste Form fetten, den Reis lagenweise im Wechsel mit den Früchten in die Form schichten, zuletzt Reis

Backofen: bei 200 °C ca. 40 Min. backen

Süße Füllungen:

Schnell und einfach!

- *mit Marmelade oder*
- *mit Nußnougatcreme bestreichen*

Himmlisch heiß!

- *mit Apfelscheiben in Honig und Butter*

3 säuerliche Äpfel	*schälen und in feine Scheiben schneiden,*
1 EL Butter *1 EL Honig*	*in einer Pfanne erwärmen, die Apfelscheiben darin weich dünsten.*

Pikante Füllungen:

Hackfleischfüllung

1 Zwiebel *1 EL Petersilie* *1 EL Öl*	fein würfeln, erhitzen, Zwiebel und Petersilie andünsten
200 g Rinderhack	zugeben, mitbraten,
1 Tomate	würfeln, zugeben, und 15 Min. garen
Salz, Pfeffer, Oregano	würzen

1 EL Crème fraîche zum Verfeinern

Champignonfüllung

500 g Champignons	putzen, waschen, blättrig schneiden, z. B. im Eierschneider,
1 Zwiebel	fein würfeln,
1 EL Petersilie	waschen, fein schneiden,
1 EL Butter	erhitzen, Zwiebel und Petersilie andünsten, Champignons zugeben, dünsten bis Flüssigkeit fast verdampft ist,
Salz, Pfeffer	würzen
4 EL Sahne	zum Verfeinern

Pfannkuchen und Omelettes

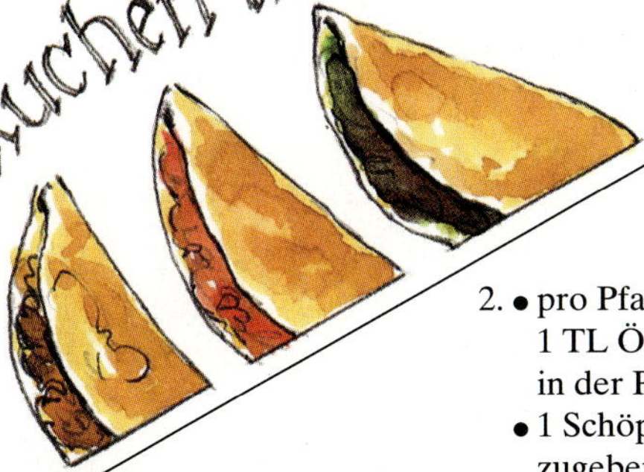

Grundrezept: Pfannkuchen

1. 150 g Mehl
   3 Eier
   1 Pr. Salz
   3/8 l Milch
   quellen lassen

2. • pro Pfannkuchen 1 TL Öl in der Pfanne erhitzen
   • 1 Schöpflöffel Teig zugeben und gleichmäßig verteilen

3. • Unterseite goldbraun backen, mit dem Bratwender vorsichtig umdrehen
   • zweite Seite goldbraun backen

Hackfleisch-Variationen

Fleischküchle (Frikadellen)
- Grundrezept „Fleischteig" herstellen
- mit nassen Händen handtellergroße Küchlein formen
- Öl erhitzen, Fleischküchle auf beiden Seiten anbraten. Hitze auf Stufe 1,5–2 zurückschalten.
- auf jeder Seite ca. 10 Minuten braten.

Abwandlung: Cevapcici
- Grundrezept „Fleischteig" herstellen, jedoch ohne Brötchen, Ei und Petersilie
- daumendicke Röllchen formen ca. 8 cm lang
- bei mittlerer Hitze braten

Hackfleischtaschen oder Empanadas (Mexikanische Teigtaschen)
- Grundrezept „salziger Mürbeteig" herstellen (vgl. S. 107).
  Teig zur 1/2 cm dicken Platte auswellen
  Quadrate, Rechtecke oder Kreise ausschneiden
  Teigränder mit Eiklar bestreichen

  Fleischmasse in die Mitte der Teigstücke geben, zuklappen. Rand mit Gabel festdrücken

  Oberseite mit Eigelb bestreichen
  Backen: 15–20 Minuten bei 200 °C (⊛180 °C)

Füllung:
1 Grundrezept „Fleischteig", dazu:
1 Tomate, gewürfelt
1 hartgekochtes Ei, gehackt
1 EL Rosinen
1 EL grüne Oliven, entsteint, gehackt
1 TL Chilipulver oder scharfes Paprikapulver

Hackfleisch muß am Kauftag zubereitet werden!!!
Es darf höchstens 8 Stunden im Kühlschrank aufbewahrt werden.

Grundrezept: Fleischteig

1 altbackenes Brötchen	in reichlich kaltem Wasser einweichen
1 große Zwiebel	würfeln
1/2 Bund Petersilie	waschen, fein schneiden,
1 EL Margarine	erhitzen, Zwiebel und Petersilie darin andünsten,
400 g Hackfleisch	in eine Schüssel geben

eingeweichtes Brötchen ausdrücken, zerpflücken und mit Petersilie und Zwiebel zum Hackfleisch geben

1 Ei	zugeben
Salz, Pfeffer, Majoran	würzen

Den Fleischteig zu einer gleichmäßigen Masse kneten

Hamburger
- 1 Rezept „Fleischteig" herstellen
- handtellergroße, sehr flache Küchlein formen
- von beiden Seiten braten
- Brötchen aufschneiden und beliebig füllen, z. B. mit: Salatblättern, Tomatenscheiben, Gurkenscheiben, Käsescheiben, Zwiebelringen, Ketchup (wenig!), Mayonnaise

Süßes...

Grundrezept: Flammeri
1/2 l Milch, 2 EL Zucker, 1 Pr. Salz, 40 g Stärke, 1 Ei getrennt

Rote Grütze

1 kg gemischtes Obst	frisch, tiefgekühlt oder konserviert z. B. Himbeeren, Erdbeeren, Heidelbeeren, Johannisbeeren, Brombeeren, Sauerkirschen. Frisches Obst: waschen, entstielen oder entkernen. Tiefgekühltes oder konserviertes Obst: in ein Sieb geben, den Saft auffangen und mit Wasser zu einem Liter ergänzen.
1 l Fruchtsaft-Wassergemisch *2–3 EL Zucker*	zum Kochen bringen
60 g Speisestärke *4 EL Wasser*	kalt anrühren und in die kochende Flüssigkeit einrühren, einmal aufkochen Topf von der Kochstelle nehmen, Obst dazugeben, in eine Schüssel füllen und kaltstellen

Quarkauflauf

500 g Magerquark *2 Eigelb* *80 g Zucker*	cremig rühren
500 g Früchte	abtropfen, zerkleinern, zur Creme geben
2 Eiklar	zu Schnee schlagen, unterheben
2 EL blättrige Mandeln	darüber streuen

Backen: 40–45 Minuten bei 200 °C (✇ 180 °C)

1. 4 EL Milch mit der Speisestärke, dem Zucker und der Prise Salz klumpenfrei anrühren.

2. In die kochende Milch einrühren und einmal aufkochen lassen.

3. Eigelb mit 2 EL warmem Flammeri verquirlen, unter die heiße Speise rühren.

4. Topf vom Herd nehmen. Eiklar zu Schnee schlagen.

5. Eischnee vorsichtig unterziehen. Flammeri in eine Schüssel füllen, kaltstellen.

Abwandlungen:

Schokoflammeri:
100 g zerkleinerte Schokolade mit der Milch aufkochen

Vanillesoße:
1 l Milch, 4 EL Zucker,
1/2 Stange Vanille, 40 g Stärke,
1 Eigelb

Grundrezept Rührteig

Menge	Zutaten
250 g	Butter oder Margarine
200 g	Zucker
1 Pck.	Vanillezucker
5	Eier
500 g	Mehl
1 Pck.	Backpuler
1 Pr.	Salz
etwas	Zitronenschale
1/8 l	Milch

Für die Abwandlungen jeweils folgende Zutaten zugeben:

Schokoflockenkuchen
150 g Schokoraspel,
Schokostreusel oder Schokoplättchen

Zitronenkuchen
1 Fläschchen Zitronenaroma oder
Schale von einer unbehandelten Zitrone

Garprobe:
Der Kuchen ist gar, wenn kein Teig mehr an einem Holzstäbchen hängen bleibt.

Obstkuchen
Frische, tiefgekühlte oder Dosenfrüchte vorbereiten.
Bei saftreichen Früchten müssen diese in einem Sieb gut abtropfen.
Backblech gut einfetten und mit Semmelbröseln ausstreuen.
Grundrezept herstellen.
Teig auf das Blech streichen.
Früchte dekorativ auf dem Teig verteilen.

Backen: 30–35 Minuten bei 200 °C

1. Butter, Eier und Zucker in eine Rührschüssel geben.

2. Mit dem Handrührgerät cremig schlagen, bis der Zucker gelöst ist.

3. Backpulver-Mehl-Salz-Gemisch auf die Masse geben.
Milch unter Rühren hinzugeben.
Geschmackszutaten zugeben.

4. Masse in die Form füllen.
1/3 der Form muß frei bleiben.
Form in den Ofen schieben.

5. Bei 180 °C ca. 50 Min. backen.
Garprobe machen.

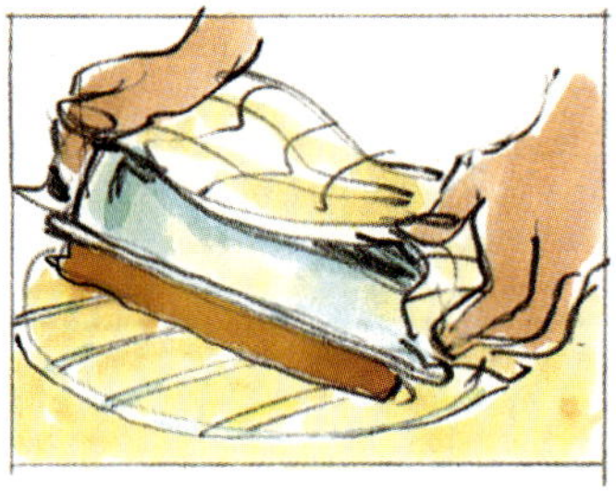

6. Kuchen auf einem Kuchenrost stürzen.

Grundrezept Mürbeteig, süß und salzig

Teig I süß	Zutaten	Teig II salzig
250 g	Mehl	250 g
60 g	Zucker	–
1 Pr.	Salz	1 gestr. TL
1 TL	Zitronenschale	–
125 g	Butter oder Margarine	125 g
1	Ei	1

Käsekuchen mit süßem Mürbeteig (Teig I)

Grundrezept I herstellen (Arbeitsschritte 1–6).
2/3 der Teigmenge zu einer runden Platte auswellen.
Teigplatte auf den Boden des Bleches legen.
Ca. 15 Minuten vorbacken bei 200 °C (⊛ 180 °C).
Aus dem restlichen Teig daumendicke Rollen formen und als Rand mit dem abgekühlten Boden verbinden.
Rollen mit einer Gabel flach drücken.

Quarkmasse herstellen:

4 Eiklar	zu steifem Schnee schlagen
500 g Quark (bis 20 %) *150 g Zucker* *4 Eigelb* *1 geh. EL Stärke* *Schale von 1/2 Zitrone*	alle Zutaten in einer Schüssel gut verrühren, Eischnee unterheben, auf dem Teig verteilen

Backen: Unterste Schiene: 180 °C (⊛ 160 °C), ca. 50 Min.

Käsemürbegebäck mit salzigem Mürbeteig (Teig II)

Grundrezept II (Arbeitsschritte 1–3) herstellen.
Folgende Zutaten noch zufügen:

- *150 g geriebener Gruyière oder Emmentaler*
- *5 EL Sahne*
- *1 TL Paprikapulver, edelsüß*

Teig weiterverarbeiten (Arbeitsschritte 4 und 5).
Teig ca. 5 mm dick ausrollen. Mit beliebigen Formen ausstechen.
Mit Eigelb bestreichen und mit Sesam, grobem Salz, Mohn, gehackten Nüssen oder Pistazien verzieren.
Backen: 180 °C (⊛ 160 °C), ca. 15 Min.

1. Mehl auf dem Backbrett häufen. Mulde drücken, Zucker, Salz und Zitronenschale in die Mitte geben.

2. Butter oder Margarinestückchen auf dem Mehlrand verteilen. Ei in die Mitte geben.

3. Alle Zutaten mit einem Pfannenmesser gründlich durchhacken.

4. Die so entstandenen Streusel schnell durchkneten. Möglichst 20–30 Min. kalt stellen.

5. Teigkugel mit wenig Mehl bestäuben, kurz durchkneten.

6. Backform ausfetten.

7. Teig auf einer bemehlten Fläche gleichmäßig dick (ca. 3 mm) ausrollen, bei 200 °C backen.

Rezeptverzeichnis

Stichwortverzeichnis

Bildquellenverzeichnis

S. 5.1: Bildagentur Mauritius (Gräfingholt), Mittenwald, *S. 5.2:* G. Schick, Denkendorf, *S. 5.3:* E. Fink, München, *S. 5.4:* G. M. Pfaff AG, Werk Karlsruhe-Durlach, *S. 5.5:* E. Fink, München – *S. 7:* G. Schneider, Denkendorf – *S. 8.1–2:* M. Schmid, Lorch, *S. 8.3:* Schöner Essen (Stradtmann), Gruner + Jahr, Hamburg – *S. 9.1–3, S. 9.7–9:* G. Schneider, Denkendorf, *S. 9.4–6:* M. Schmid, Lorch – *S. 13:* Fotostudio Teubner, Füssen – *S. 15:* Schöner Essen, Gruner + Jahr, Hamburg – *S. 27.1–4:* Robert Bosch, Hausgeräte GmbH, München, *S. 27.5:* R. Krups GmbH, Solingen – *S. 28:* Siemens AG, München – *S. 30:* Silit-Werke, Riedlingen – *S. 35.1:* E. Fink, München, *S. 35.2:* Fremdenverkehrsamt, München, *S. 35.3:* Bildagentur Mauritius (Gräfingholt), Mittenwald – *S. 41.1:* J. Schmidt-Thomé, München – *S. 41.3:* AID, Bonn – *S. 42.2:* AID, Bonn – *S. 46.1:* Bildagentur Mauritius (Roenfeld), Mittenwald, *S. 46.2:* dto. (Elsen) – *S. 49, 50, 53:* U. Seedorf, Lübeck – *S. 54:* Firma Nike, Darmstadt – *S. 59, 60:* G. Schick, Denkendorf – *S. 61:* U. Staudinger, München – S. 63, *S. 65–68:* G. M. Pfaff AG, Werk Karlsruhe-Durlach – *S. 71:* D. Voggenreiter, München – *S. 72, 78, 83, 84, 87, 93:* G. Schick, Denkendorf – *S. 98:* Bildagentur Mauritius (Rosenfeld), Mittenwald.